体育与健康

油桂英　王安东　任崇伟　主　编

北京体育大学出版社

策划编辑：李志诚　潘　帅
责任编辑：李志诚
责任校对：仝杨杨
版式设计：水分子

图书在版编目（CIP）数据

体育与健康 / 油桂英，王安东，任崇伟主编. — 北京：北京体育大学出版社，2023.8（2025.8 重印）
ISBN 978-7-5644-3867-8

Ⅰ. ①体… Ⅱ. ①油… ②王… ③任… Ⅲ. ①体育－高等职业教育－教材②健康教育－高等职业教育－教材 Ⅳ. ① G807.4 ② G717.9

中国国家版本馆 CIP 数据核字（2023）第 149448 号

体育与健康
TIYU YU JIANKANG

油桂英　王安东　任崇伟　主　编

出版发行：北京体育大学出版社
地　　址：北京市海淀区农大南路 1 号院 2 号楼 2 层办公 B－212
邮　　编：100084
网　　址：http://cbs.bsu.edu.cn
发 行 部：010－62989320
邮 购 部：北京体育大学出版社读者服务部 010－62989432
印　　刷：三河市龙大印装有限公司
开　　本：787mm × 1092mm　1/16
成品尺寸：185mm × 260mm
印　　张：13.5
字　　数：302 千字
版　　次：2023 年 8 月第 1 版
印　　次：2025 年 8 月第 3 次印刷
定　　价：48.00 元

编 委 会

前言

党的二十大报告提出，“教育、科技、人才是全面建设社会主义现代化国家的基础性、战略性支撑”，把教育与科技、人才放在了同等重要的地位。这赋予了教育新使命、新任务，也更加凸显了教育的基础性、先导性、全局性地位和作用，体现了党对教育工作的重视。

学校体育是我国教育事业的重要组成部分。学校体育是培养德智体美劳全面发展的社会主义建设者和接班人的重要手段，是落实立德树人根本任务、建设人才强国的基础工程。

高等学校体育既是学校体育的重要组成部分，也是高等学校教育的重要组成部分，是实现高校高素质人才培养目标中不可或缺的一个方面，是培养新时代全面发展的高素质人才的重要手段，是大学生树立终身锻炼思想和形成良好锻炼习惯的重要途径。新时代高等学校体育工作如何利用契机，促进我国高等学校教育的高质量发展，已成为我国高等学校体育工作者面临的重大课题。

本教材以党的二十大精神为指引，以《学校体育工作条例》《全国普通高等学校体育课程教学指导纲要》《国家学生体质健康标准（2014 年修订）》等文件为指导，突出学生主体、健康主题及体育课程思政教育，将“素质教育”“健康第一”“终身体育”的思想贯彻始终。本教材坚持基础性、实践性、专业性和发展性的有机统一，适合新时代高等学校体育工作开展需要。

本教材分为理论篇和实践篇，共十二章。理论篇主要内容为大学体育概述、体育锻炼的科学方法、运动损伤与卫生常识、运动与营养、《国家学生体质健康标准（2014 年修订）》介绍；实践篇主要内容有田径运动、球类运动、形体运动、武术与技击、跆拳道、野外生存、传统养生运动。

本教材的编写分工如下：第一章由王安东编写，第二章由张传宝、张炎编写，第三章由马昂编写，第四章由王安东编写，第五章、第六章由任崇伟编写，第七章由吴铎、陶彦儒、蒋之润、王蕴衡、梁鲁郓、岳彩顺、梅志帮、邱子婧编写，第八章由马亚莉编写，第九章由吕鲁杰编写，第十章由刘悦编写，第十一章由杜少堂编写，第十二章由油桂英编写。

作为编者，我们希望本教材能使学生既学懂理论又学会实践，在培养其终身体育意识的同时，又能使其体育能力得到提高，从而达到大学体育教育的最终目标。

在编写过程中，我们参考和借鉴了大量的文献资料，并得到有关专家的指导和大力支持，在此表示衷心的感谢。

由于时间紧、水平有限，书中若有不妥之处，恳请广大师生批评指正，以便今后修订、完善。

编者

2023 年 5 月

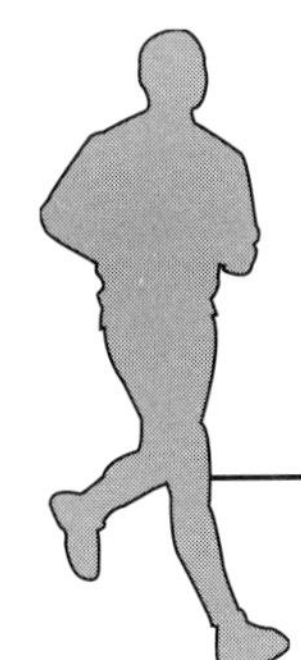

目录 CONTENTS

上篇　理论篇

下篇　实践篇

上篇　理论篇

第一章　大学体育概述

第一节　大学体育的目的和任务

大学体育是高等教育的一个重要组成部分，是学生接受学校体育教育的最后阶段。根据我国的教育方针和高等教育要面向现代化、面向世界、面向未来的要求，以及中国特色社会主义对现代人才培养的要求，大学体育有如下的目的和任务。

一、大学体育的目的

增强大学生的体质，增进大学生身心健康，培养大学生的体育意识、能力和习惯，以及良好的思想品德，使其成为德智体美劳全面发展的社会主义建设者和接班人。

二、大学体育的任务

（一）增进大学生身心健康

通过体育的各种实践活动增进大学生身心健康、提高大学生身体素质是大学体育的首要任务。体育是促进大学生身心健康发展的积极、有效的手段。体育课教学、课外体育活动、课余体育训练和体育竞赛等一系列体育活动，可使大学生养成良好的锻炼习惯，不断提高健康水平和对环境的适应能力，增强对疾病的抵抗能力，养成合理的作息习惯，从而可以强健的体魄和充沛的精力保障学业的完成，为走向社会打下坚实的基础。

（二）培养大学生的体育意识

大学生通过体育课学习体育知识、技术和技能，掌握科学体育锻炼的方法、手段，提高对体育锻炼的认识和意识。体育知识包括科学体育锻炼的原则和方法，体育保健，自我监督和评价等。体育技术和技能是指参加体育运动的实践能力。大学生通过体育课提高运动能力，并通过课外锻炼和竞赛的反复实践，熟练掌握体育技术和技能，形成自觉锻炼的习惯。

（三）培养大学生良好的思想品德

体育作为思想品德教育的重要载体，贯穿着竞争精神、团队精神、规则意识和责任意识等思想品德教育的内容。体育可以培养大学生的爱国主义精神、集体主义精神、团结合作精神和顽强拼搏精神等。

（四）提高大学生的运动技术水平

充分利用高等学校的有利条件和大学生在体能、智能上的优势，坚持系统和科学训练，不断提高大学生的运动技术水平。这样既能为高等学校培养体育骨干，又能进一步推动高等学校体育运动的开展；既能丰富高等学校的校园生活，又能为竞技运动提供后备力量。

第二节　大学体育的组织形式和内容

体育课教学、课外体育活动、课余体育训练和体育竞赛是实现我国大学体育的目的、任务的基本组织形式。

一、体育课教学

《全国普通高等学校体育课程教学指导纲要》规定，应面向全体学生开设多种类型的体育课程，可以打破原有的系别、班级建制，重新组合上课，以满足不同层次、不同水平、不同兴趣学生的需要。体育课教学分为理论课和实践课两种形式。

（一）理论课

理论课是指在教室内讲授体育基础理论知识的课程，内容包括：①体育的基本概念和学校体育的基本知识；②运动生理、心理、保健和卫生常识；③各种运动项目的基本知识，技术、战术理论，规则与裁判法。

（二）实践课

实践课是指在运动场馆按照体育教学大纲规定的内容和教学进度，进行的以身体练习为主的课程。实践课中，大学生通过学习各种运动项目的技术、战术，通过身体活动和思维活动的紧密结合，在反复的练习过程中，让身体承受一定的运动负荷，掌握运动技能，达到全面提高身体素质、增强体质的目的。

二、课外体育活动

课外体育活动是体育课教学的延续和补充。《学校体育工作条例》规定，普通高等学校除安排有体育课、劳动课的当天外，每天应当组织学生开展各种课外体育活动。根据学校的实际情况和传统特点，因人、因时、因地制宜地开展多种形式的课外体育活动，对巩固和提高体育课教学的效果、增强大学生的体质、提高大学生的学习效率、丰富大学生的校园生活等方面都会起到良好的促进作用。课外体育活动主要有以下两种形式。

（一）早操

早操是大学生作息制度的重要组成部分，也是构建科学、健康生活方式的基本因素。早操可以提高大学生大脑皮层的兴奋性，使其以良好的身心状态进入一天的学习生活，有利于提高其学习效率。根据场地条件和具体情况，早操可以采取集中出操或分散锻炼的形式。分散锻炼可以根据个人的兴趣爱好，每天坚持 20~30 分钟的活动，一般选择散步、健身跑等锻炼内容，运动量不宜过大。

（二）课余体育活动

课余体育活动是指大学生利用课余时间进行的体育活动。在校大学生的课余体育活动要保证每周不少于 2 次，活动方式可以是个体活动也可以是群体活动，可以开展体育比赛活动、健身娱乐性活动和一般性身体锻炼活动。

三、课余体育训练

《学校体育工作条例》规定，学校应当在体育课教学和课外体育活动的基础上，开展多种形式的课余体育训练，提高学生的运动技术水平。课余体育训练要坚持普及与提高相结合的原则，一方面把有体育才能的大学生组织起来，施以全面的技术、战术、身体训练，提高其运动竞技水平，使其在校际、国内外比赛中创造优异成绩，为校、为国争光，为国家培养体育后备人才；另一方面可以培养体育骨干，推动大学生群体活动的开展，丰富大学生的课余文化生活，促进校园文明的建设。

四、体育竞赛

《学校体育工作条例》规定，学校体育竞赛贯彻小型多样、单项分散、基层为主、勤俭节约的原则。学校每学年至少举行一次以田径项目为主的全校性运动会。学校体育竞赛不仅可以检阅学校体育工作，而且可以宣传体育，推动群众体育活动的开展。

思政课堂

体育思政是课程思政的重要组成部分，高校体育应全面落实“立德树人”的根本任务，以身体练习为主要手段，通过合理的体育教育和科学的体育锻炼，达到增强大学生体质、增进大学生健康、提高大学生体育素养的目的。高校体育课程是寓思想品德教育、文化科学教育、生活与体育技能教育于身体活动并有机结合的教育过程，也是实施素质教育和培养全面发展人才的重要途径。开展体育思政教育可不断丰富高校体育教育的内涵，提高高校体育课程的育人效果。

考核测评

简述大学体育的组织形式

<table>
<tr><td>姓名：</td><td>院（系）：</td><td>学号：</td><td>日期：</td></tr>
<tr><td colspan="4"></td></tr>
<tr><td colspan="4">得分：</td></tr>
<tr><td colspan="3">体育教师签字：</td><td>日期：</td></tr>
</table>

第二章　体育锻炼的科学方法

体育锻炼是指人们运用各种身体练习的内容、方法及手段，结合自然力和卫生措施，以发展身体、增强体质、增进健康、陶冶情操、丰富文化生活为目的的身体活动。

第一节　体育锻炼的基本原则

体育锻炼的基本原则是体育锻炼中的客观规律的反映，是人们谋求最佳锻炼效果的经验总结，是从事体育锻炼所必须遵循的基本要求和指导原理。

一、自觉性原则

自觉性原则是指锻炼者因对行为目标的追求所采取的一种自觉主动的行为。体育锻炼是人们认识自我、完善自我的一种有目的、有意识的健身活动。身体素质的提高是一个长期积累的过程。体育锻炼是一个自我锻炼、自我养成良好习惯的过程。要提高参加体育锻炼的自觉性和积极性，就要求锻炼者必须有明确的目的，确信锻炼的价值和作用，并以此作为自己行为的动力，长期不懈地坚持下去，最终获得良好的锻炼效果。自觉性原则既是进行体育锻炼的指导性原则，也是长期坚持体育锻炼的前提，必须始终坚持这一原则。

二、经常性原则

经常性原则是指进行体育锻炼是一个长期的、经常的行为，必须持之以恒，把它作为日常生活中不可缺少的一项重要内容。只有坚持经常性的体育锻炼，才能巩固锻炼效果。体育锻炼对人体的影响是遵循“用进废退”学说和“超量恢复”原理的。在进行体育锻炼时，机体将发生一系列生理机能变化。机体对这些变化有一个适应过程，而这个过程总是按照工作阶段（活动）—相对恢复阶段（休息）—超量恢复阶段—复原阶段的

规律在变化。当进行一次体育锻炼时，刺激使机体新陈代谢的异化作用加强，进而使机体获得恢复过程同化作用的加强，加快机体内部新物质的合成，使机体内部物质得到补充、增加和积累，形成超量恢复，使人体机能水平达到一个新的高度。但是，在超量恢复阶段，若不施加新的刺激，这种由体育锻炼所产生的良性反应就会随时间的推移而逐渐消退，直至恢复到体育锻炼前原有的机能水平。因此，只有在超量恢复的基础上，不断对机体施加良性刺激，才能使超量恢复得到量的积累，从而使人体体质逐渐增强。这就是体育锻炼要坚持经常性的原因。另外，各种运动技术的掌握和运动技能的形成，也是在不断地强化运动条件反射的基础上建立的，若停止锻炼，这种已经形成的运动条件反射也会因得不到强化而逐渐消退。因此，从事体育锻炼，应制订出能够实现自我体育锻炼目标的长期计划并严格执行。

三、渐进性原则

渐进性原则是指在进行体育锻炼时，必须遵循人体生理机能活动的规律，科学地安排锻炼内容、方法、负荷、难度等。因为体育锻炼的过程是人体对内外环境变化适应的过程，是较缓慢的由量变到质变的过程，所以，不能急于求成，必须逐步提高才能获得良好的锻炼效果。

四、全面性原则

全面性原则是指在进行体育锻炼时，应从人的整体出发，使人的身心得到全面和谐的发展。人体是由各个局部组成的有机整体。各个组织、器官、系统之间相互联系、相互制约。只有贯彻全面发展的原则，才能使人体达到相对的完善和完美状态。在进行体育锻炼时，既应着眼于有效地改善身体形态、机能和心理素质，不断地增强适应环境和抵抗疾病的能力，达到形与神的和谐统一；也要注意将身体形态和内脏器官的锻炼紧密结合，达到身体形态锻炼和内脏器官锻炼的内外统一；还要根据自己的年龄特征，有效地提高身体素质。在体育锻炼中，坚持全面性原则应做到以下几点。①锻炼形式、手段多样化，全面提高身体机能。②锻炼项目多样化，全面提高身体素质。③锻炼条件勤变化，提高人体的适应能力。

五、区别性原则

区别性原则是指体育锻炼的内容方法、运动负荷的选择与制订，应从个人身心状况实际出发，因人而异，区别对待。虽然人体生理结构和发展规律基本相同，但由于年龄、性别、身体功能、基本活动能力及心理等方面都存在个体差异，不同的人对体育锻炼的认识不尽一致，因此其可塑性也不相同。所以，应从个人的实际出发，制订符合个人特点的锻炼计划，以达到身心发展的目的。

六、适量性原则

适量性原则是指在进行体育锻炼时，身体承受的运动负荷要适宜。体育锻炼可使身体产生一定的疲劳，但这种疲劳必须是适宜的，使人体能够承受并通过积极恢复产生超量恢复的效果才行。运动负荷安排是否恰当合理，直接影响到锻炼效果，负荷过大或过小对人体都不会产生良好的刺激。适量性主要由运动量和运动强度两部分构成，运动量是指完成练习的数量、次数、组数、时间、距离等；运动强度是指完成练习所用的力量的大小和机体的紧张程度。人体在不同时期内，生理机能都有相应的负荷极限，体育锻炼时的运动负荷应控制在极限范围之内。

第二节　体育锻炼的基本方法

体育锻炼的基本方法是指运用各种体育锻炼手段有效地增强体质的途径和方法，是贯彻体育锻炼的基本原则、实现锻炼目的的桥梁，是人类根据人体发展规律进行长期科学实践的经验总结。

一、身体练习的方法

（一）重复练习法

重复练习法是一种要求在不改变动作结构及其外部运动负荷数据的情况下，按照既定要求，反复进行练习，各次练习的间歇时间较充分并能使机体基本恢复的练习方法，即下一次练习在上一次练习完全恢复或超量恢复的情况下进行的练习方法。重复练习法的主要功能：通过对同一动作的多次重复，经过不断强化运动条件反射的过程，有利于练习者掌握和巩固技术动作；通过相对稳定的负荷强度的多次刺激，可使机体尽快产生较高的机能适应，有利于练习者提高身体素质；通过不同类型的重复练习，可分别使磷酸原系统、酵解能系统、氧化能系统的供能能力得以发展和提高。采用重复练习法时应注意以下问题。

（1）合理确定重复要素。重复要素包括重复练习的总次数，每次重复练习的距离、时间和强度。

（2）保持预定的负荷强度。应切实保证每次重复练习的质量，不能因为重复次数多或运动强度大而降低要求。强度的确定通常应以练习者本人所能承受的最大负荷强度为限。重复次数的确定，应以练习者按照预定强度进行练习，同时技术动作不出现许多错误为基本条件。

（3）保证充分的间歇时间。间歇时间的确定应以机体基本恢复为准，基本恢复后再

进行下一次（组）的练习。间歇时间一般为练习时间的 2~3 倍，心率应降至 100 次 / 分以下，使机体得到充分的恢复。

（二）间歇练习法

间歇练习法是一种对练习动作结构和负荷强度、间歇时间具有严格的要求，以使机体处于不完全恢复状态下，反复进行训练的练习方法。间歇练习法受 5 种因素制约，即每次练习的时间和距离、练习重复的次数和组数、每次练习的负荷强度、每次（组）练习的间歇时间、间歇时的休息方式。间歇练习法的原理是人体在锻炼时心率保持在 120~140 次 / 分为最理想，在这个幅度内的每搏输出量及氧气运载量均达最佳效果。在进行间歇练习时应注意以下问题。

（1）合理安排运动负荷。运动负荷大小的确定应根据练习者的实际情况而定。身体状态好，运动水平高，运动负荷可大些；反之，身体状态差，运动水平低，则运动负荷应小些。

（2）确保一定的适应过程。在间歇练习方案实施时应先使机体逐步适应，再通过变换各因素参数，确定新的方案，从而达到机体的适应—提高—再适应—再提高的目的。

（3）掌握科学的间歇时间。练习过程中间歇时间的控制是运用好该方法的关键因素。它影响着负荷强度、负荷量以及运动组数的安排，同时也影响着练习的质量。间歇时间的长短要根据自己的身体状态和锻炼的运动负荷而定，一般以 40~90 秒为宜，不使心率低于 120 次 / 分即可再次锻炼。

（三）连续练习法

连续练习法是一种负荷强度较低、负荷时间较长、练习过程不中断的练习方法。连续练习法是为重点发展有氧代谢水平而提出的。该方法十分强调一次持续锻炼的负荷时间应该长些，负荷强度适中，心率应为 130~170 次 / 分。这是因为机体器官的功能惰性较大，约需要运动 3 分钟后才能发挥出最高功能水平。因此，为了提高机体器官的功能水平、有氧工作能力，一次锻炼的持续时间应在 5 分钟以上，甚至更长的时间。只有这样，才能最大程度地发展有氧代谢水平及其工作能力。就运动负荷安排特点而言，连续练习法与重复练习法、间歇练习法相比，最明显的不同之处就是：负荷强度较低，负荷时间较长。该方法常用于发展一般耐力，如较长时间的匀速跑；在非周期项目中常用于巩固某一技术动作和发展专门耐力，如篮球投篮训练中连续进行原地起跳投篮的练习等。连续练习法的功能：对强化负荷强度不高但过程细腻的技术动作的条件反射具有独特的功能，有利于使该类技术动作形成技巧化；可使机体运动机能在较长时间的负荷刺激下，产生稳定的训练适应，使内脏器官产生适应性的变化；可提高氧化能系统的供能能力以及该供能状态下有氧运动的强度；可为进一步提高无氧代谢能力及无氧工作强度奠定坚实的基础。

（四）变换练习法

变换练习法是一种对运动负荷、练习内容、练习形式实施变换，以提高练习的趣味性，提升练习者的积极性、适应性及应变能力的练习方法。变换练习法通过采用不同的动作要素、不同运动负荷、不同间歇、不同外界环境、不同的器材重量等来有效地调节运动负荷，使机体产生适应性变化，可激发练习者的兴趣和提高练习者的积极性，达到增强机体能力、提高锻炼效果的目的。变换练习法的功能：通过变换运动负荷，可使机体各机能产生与有关运动项目相匹配的适应性变化，从而使机体具有能够迅速进入运动状态的应激能力，以及具有承受专项比赛时不同运动负荷刺激的能力；通过变换练习内容，可使练习者的各种运动素质、运动技术、运动战术得到系统的训练和协调的发展，从而使之具有多种运动能力和将其实际应用的应变能力；通过变换练习形式，可使练习者在不同的状况下，高质量、高数量、高效率地完成某一练习任务。

（五）综合练习法

综合练习法是一种把重复练习法、间歇练习法、连续练习法、变换练习法等综合起来运用的练习方法。各种练习法的综合运用要因人、因时、因任务而异。如连续举重6次，重复次数不多，但重新开始时可逐渐增加或减少重量以取得良好的锻炼效果。在采用综合练习法时，应注意练习手段、练习量和强度、练习间歇及练习程序的安排要从实际出发。

循环练习法是综合练习法的一种形式，是一种根据具体练习任务，建立若干练习站（点）后，练习者按照既定顺序、路线依次完成每站（点）练习任务，并周而复始、循环往复地进行练习的练习方法。

（六）游戏法和比赛法

游戏法是指在身体练习过程中以游戏的方式组织练习的练习方法。该方法具有竞争性和娱乐性，可充分发挥个人与集体的才智和创造力，在紧张、愉快的气氛中使身心得到锻炼和发展，提高学生对体育知识、技能的运用能力。在采用游戏法进行练习时，应注意场地环境的要求，按规定和要求进行游戏，以防止发生运动损伤。

比赛法是指在近似、模拟或真实、严格的比赛条件下，按照比赛的规则和方法，以提高练习质量为目的的练习方法。该方法能最大限度地发挥练习者的机体能力，有效地提高练习者的身体素质，提高练习者的运动技术，提高其中枢神经系统的协调性和灵活性。

二、提高身体素质的方法

（一）提高力量素质的方法

力量是人体或身体某部分肌肉在工作时克服阻力的能力。肌肉力量是在克服更大阻力的条件下增加的。在肌肉收缩时给予负荷，能达到增强肌肉力量的目的。

提高绝对力量的方法：以最大负荷重量的85%~100%的重量，重复1~3次进行锻炼，完成最大重量或接近最大重量的练习。提高速度力量的方法：用中等强度负荷（最大负荷重量的60%~80%），以最快的速度完成重复次数较少的练习。提高爆发力的方法：用较轻的重量，以最快的速度完成最多重复次数的练习。提高爆发力必须有绝对力量和速度力量做基础，所以与以上2种练习结合进行效果较好。提高力量耐力的方法：用最大量的50%~60%重复练习12次以上，不要求速度，但重复次数和坚持时间应达到极限。增大肌肉体积的方法：以中、小重量（一组可连续举起6~8次的重量），使肌肉工作达最大限度，充分发胀，产生适应性变化，对增长肌肉体积效果较好。用对抗性静力练习提高力量的方法：根据某部位肌肉力量发展的需要，使身体处于特定位置，站立或仰卧，推或蹬固定物或器械，用肌肉最大收缩力量坚持8~10秒（初练者4~5秒），做一定次数的练习，对增加肌肉力量效果较为显著。以上介绍了几种常用的提高力量的方法。在锻炼力量时，要因人而异，使重力量和轻力量、一般力量和速度力量、整体力量和局部力量、提高大肌群和小肌群的力量练习互相配合，防止片面提高。提高力量素质的练习，不应急于求成，要合理安排时间，以隔日训练为好。应坚持经常锻炼，一般3~5天以上不锻炼，力量就会开始消退。

（二）提高速度素质的方法

提高速度素质通常是指提高周期性运动的位移速度。不同类型的速度素质练习方法各不相同。可采用突发信号练习提高反应速度，利用缩短时间、距离和减轻器械重量来提高动作速度等。对于短跑而言，短跑速度取决于步频、步幅和保持步频、步幅的能力，因此采用重复练习法效果较好，但要根据实际需要配合其他方法进行锻炼。进行步频练习时，采用高频率练习较为有效，如快速高抬腿跑、听信号快速跑、快速摆臂等练习，但必须有一定的运动强度和运动负荷。提高步幅应提高腿部爆发性后蹬力量，可在不降低速度的情况下加大负荷，在不减小力量的条件下加快速度，在加大力量的同时加快速度，以第一种方法为宜，训练的手段主要有徒手及负重的各种跳跃练习、负重蹲起等。重量上要轻重结合，轻负荷练习在于提高肌肉的收缩强度。提高保持步频、步幅的能力，主要是通过经常的重复锻炼，以改善神经、肌肉对无氧代谢的承受能力。速度素质的提高较为缓慢，往往发展到一定阶段会产生停滞不前的现象，因此，除应坚持经常、系统的锻炼外，还要采取突破“界限”的措施，建立更强的速度条件反射。

（三）提高耐力素质的方法

提高耐力素质多采用各种形式的中长跑（走）、长距离游泳、滑冰等周期性动作和长时间从事某些内容的身体锻炼。在练习过程中逐步增加练习时间并提高练习强度和密度是提高耐力素质的关键。提高耐力素质的主要原则是使机体的负担超过原来能负担的耐力水平。应从一定时间、距离和数量开始，逐步增加练习时间和距离，以达到或接近个人“极限负荷”水平。运动强度通常在运动最大强度的 70%~85% 为宜，通过心率测定来调节，以 140~160 次 / 分为宜，要因人、因目的而异。如为了提高运动成绩，强度应大些；为了保持身体健康，强度应小些。提高耐力素质应着眼于心血管系统机能的提高。间歇练习法是较好的提高耐力素质的方法。在采用间歇练习法时，间歇时间不应超过负荷时间。当获得一定耐力后，必须适当增加运动负荷。长时间的匀速持续跑能较快地改善呼吸系统和心血管系统的机能，对神经系统亦有好处。持续练习法对提高耐力素质也有明显的效果。

（四）提高灵敏素质的方法

灵敏素质是指人在复杂、突变的条件下，快速、准确、灵活、协调地完成动作的能力，是动作技能熟练程度、身体素质和大脑皮层灵活性等多种因素在运动过程中的综合表现。提高灵敏素质应采用多种练习方法，各项球类活动、体操、技巧、游戏及一些专门辅助练习，都是提高灵敏素质的有效手段。但灵敏素质的提高有赖于各项素质的提高，因此，应与各项素质的提高有机结合。

（五）提高柔韧素质的方法

柔韧素质是指人体的关节活动幅度、肌肉和韧带的伸展能力。柔韧素质取决于骨的结构、关节周围组织的体积，韧带、肌腱、肌肉、皮肤的伸展性和弹性。中枢神经的调节能力，对抗肌之间协调性的改善，以及对肌肉紧张和放松的调节能力的提高，都会对柔韧素质的提高产生影响。提高柔韧素质通常采用伸展练习。练习前要做充分的准备活动，动作幅度要逐渐增大，速度由慢到快，用力由小到大，使肌肉和结缔组织充分拉长，以承受得住“拉痛”为限，并保持一定时间，有意识地放松对抗肌。要合理安排练习的时间、次数和顺序，以预防运动损伤的发生。

三、利用自然力锻炼身体的方法

利用自然力锻炼身体的方法是指正确地利用阳光、空气、水等自然力因素，改善机体的调节机能，提高人体对自然环境变化的适应能力的锻炼方法。空气的温度、湿度、压力、风速及其中的负离子含量等，对机体都有较大作用。经常利用自然力锻炼身体可减小各种不良气象因素（冷、热、阳光辐射、低气压）对人体的影响，增强人体的抵抗力，改善人体血液循环和中枢神经系统功能，使物质代谢正常化，提高工作能力，增进

健康。利用自然力锻炼身体的方法主要有以下 3 种。

（一）日光浴

日光浴是指按一定顺序和要求，使人体皮肤直接在阳光照晒下进行身体锻炼的方法。日光浴好处有很多。紫外线能刺激人体的造血机能，使血液中红细胞增多，使皮肤里麦角固醇转为维生素 D，促进钙和磷的吸收利用，因此，进行日光浴能预防骨软骨病或佝偻病。紫外线还能增加皮肤的抵抗能力，杀灭皮肤和空气中的细菌、刺激骨髓产生更多的红细胞。红外线对人体血液循环、呼吸加深、新陈代谢都有很好的刺激作用。经常坚持日光浴能使人体血管扩张，血流加快，血液循环得到改善，增强人体的体温调节能力。

1. 日光浴的方法

身体姿势一般取坐、卧位或漫步式。采用坐、卧位时须常换体位，同时禁止阅读书报、睡眠和抽烟。阳光不宜直射头部，应用浴巾、草帽或伞遮挡头面，戴上墨镜更好。日光浴的时间应选择一天中光热合适的时候，一般夏季在上午 10 点以前、下午 4 点以后；春秋季节一般以中午 11–12 点为宜。进行日光浴的时长从 10 分钟至 1~2 小时均可。开始时，进行日光浴的持续时间可短些，如果身体反应良好，可逐渐增加日光浴时间。

2. 日光浴的注意事项

①日光浴宜从天气转暖时开始，并在夏天坚持下去。夏季因阳光强烈，锻炼时应特别谨慎地掌握日照时间和强度，防止过量紫外线对人体产生的不良影响，如皮肤灼伤和中暑；②日光浴禁忌证：发高烧等急症、出血现象的疾病、皮肤有炎症、心脏功能不全、日光过敏以及妇女经期和分娩后一个月内等；③在空腹、饱腹、身体过度疲劳、情绪不佳时，均不宜进行日光浴。

（二）空气浴

空气浴是让皮肤充分接触新鲜空气，利用气温、气流和温度形成对人体的刺激，通过神经反射作用，改善体温调节，从而提高机体的适应能力的一种锻炼方法。空气对人体的影响是多方面的。新鲜空气中氧气丰富，阴离子浓度高，对身体各器官、系统，特别是神经系统有良好的刺激作用，可改善血液循环、促进新陈代谢、增强机体的抵抗能力、预防呼吸系统的各种疾病。空气浴的注意事项：①一天中空气浴最好的时机是清晨；②空气浴最好在树木茂盛、长满庄稼的地方或江河湖畔进行，人口稠密的公共场所不适合进行空气浴；③遇大风、大雾、大雨和寒流天气时，不宜进行空气浴；④饭后 1 小时内、大汗或身体过度疲劳时都不宜进行空气浴。

（三）冷水浴

冷水浴的价值：增强心血管系统功能，增加血管的弹性；促进新陈代谢；刺激身体抗炎成分的生成，预防炎症；刺激皮肤，增强机体对低温环境的适应能力，增强机体的免疫能力。冷水浴注意事项：锻炼后不能马上进行冷水浴，要待呼吸平稳、心率恢复到静息心率后才能进行；心血管疾病患者不宜进行冷水浴。

1. **冷水擦身**

此方法为冷水浴初级阶段采用。开始水温可高些，适应后逐渐降低。先从上肢开始，依次用冷水擦颈部、胸部、腹部、背部及下肢，然后用干毛巾擦干全身的水迹，并按血液回心方向摩擦皮肤到发红，最后穿衣保暖。冷水浴时间应不超过 5 分钟。

2. **冷水淋浴**

冷水淋浴应先从四肢开始，再淋躯干，后淋头部。冷水淋浴的时间不要太长，冷水淋浴前应做好准备活动，使身体发热，不要带着寒意去冷水淋浴，以防感冒。冷水淋浴后用力擦身，使皮肤发红，快速穿衣服保暖。开始冷水淋浴时，水温以 30~35℃为宜，冷水淋浴时间不超过 1 分钟。适应后水温可逐渐降低到 15℃或更低些，冷水淋浴时间也可增至 2 分钟。

3. **冷水浸浴**

冷水浸浴一般应从夏季和秋季开始，以早上和晚上为宜。应注意冷水浸浴的主要因素是水温，而不是时间的长短。每次冷水浸浴的持续的时间要因人而异，以不出现寒噤和口唇青紫为度。冷水浸浴后要擦干身体，穿好衣服后要跑跑步或做做操，使身体发暖。冬泳是冷水浸浴的最高阶段。冬泳时能量消耗大，时间不宜太长，入水前应做好充分的准备活动，出水后迅速擦干、擦热全身，穿衣服保暖进行整理活动。

另外，利用自然力锻炼身体的方法还有森林浴、沙滩浴等。总之，要根据实际情况选择适宜的锻炼方法。

思政课堂

党的二十大报告提出：“广泛开展全民健身活动，加强青少年体育工作，促进群众体育和竞技体育全面发展，加快建设体育强国。”

考核测评

简述体育锻炼的基本原则

姓名：	院（系）：	学号：	日期：
得分：			
体育教师签字：			日期：

第三章　运动损伤与卫生常识

第一节　运动损伤

运动损伤是人们在体育运动过程中发生的、造成人体组织或器官的解剖损伤或生理紊乱的一类伤害。运动损伤与日常损伤相比，多与体育运动项目的技术动作、训练水平、运动环境等密切相关。运动损伤会直接影响学生的身心健康和学习，因此，应采取有效的安全措施，避免运动损伤的发生。

一、运动损伤的分类、发生原因及预防原则

（一）运动损伤的分类

1. 按损伤组织分类

按损伤组织分类，运动损伤可分为皮肤损伤、软组织损伤、骨损伤、神经损伤、血管损伤、内脏损伤等。

2. 按损伤组织有无创口与外界相通分类

按损伤组织有无创口与外界相通分类，运动损伤可分为开放性损伤和闭合性损伤。

3. 按运动损伤的轻重分类

（1）不损失工作能力的轻伤。

（2）失掉工作能力 24 小时以上，并需要在门诊治疗的中等伤。

（3）需要长期住院治疗的重伤。

4. 按运动能力丧失的程度分类

（1）受伤后能按运动计划进行练习的轻度伤。

（2）受伤后不能按运动计划进行练习，需停止患部练习或减少患部活动的中度伤。

（3）完全不能运动的重度伤。

（二）运动损伤的发生原因

思想麻痹大意；运动情绪低下，注意力不集中；纪律松懈或组织不严密；缺乏运动经验与自我保护能力；体质弱、身体素质差或机能状态不良；动作违反规则（对抗项目）；运动前准备活动不充分；技术水平低，运动不熟练；锻炼环境不好；内容组合不科学、方法不合理。

（三）运动损伤的预防原则

思想重视，遵循原则，全面锻炼；做好充分的准备活动和放松活动；加强自我保护意识和能力；创造锻炼的安全环境；注意科学锻炼；加强易伤部位锻炼。

二、常见运动损伤与处置

（一）软组织损伤

软组织损伤是指运动中发生的除骨骼以外的损伤。按照皮肤和黏膜的完整性，软组织损伤可以分为开放性软组织损伤和闭合性软组织损伤。开放性软组织损伤的皮肤和黏膜的完整性遭到破坏，闭合性软组织损伤的皮肤和黏膜完整无缺。按照损伤发生的时间，软组织损伤又分为急性软组织损伤和慢性软组织损伤。

1. 擦伤

擦伤是指机体表面与粗糙的物体相互摩擦而引起的皮肤表层损伤，创面有擦痕、渗出液和点状出血，属于开放性软组织损伤。例如，田径、球类运动时摔倒擦伤，体操和武术运动时身体与器械摩擦受伤，滑雪时被树枝擦伤，拳击时被拳套擦伤。

（1）症状。伤口浅，面积大，边缘不整；表皮脱落，点状出血，组织液渗出；无感染时，伤口易干燥结痂而愈合；伤口感染后易化脓，有较稠的渗出液。

（2）处置。伤口较浅、面积较小的擦伤，用生理盐水清洗后直接外涂 2% 的碘酊，无须包扎，让其暴露在空气中即可；伤口内有异物的擦伤，用生理盐水或自来水冲洗伤口，伤口用双氧水、伤口周围用 75% 的酒精消毒，然后用消炎药粉、无菌敷料处理；伤口较深、污染严重的擦伤，应去医院由医生处理，除消毒、包扎等处理外，还应由医生注射破伤风抗毒素；关节部位的擦伤，经消毒后，上消炎软膏或抗生素软膏，并用无菌敷料覆盖，一般不用暴露疗法。

2. 刺伤

刺伤，亦属于开放性软组织损伤的一种，是指尖锐细物刺穿皮肤及皮下组织、器官的损伤。

（1）症状。伤口细小，但较深，可能伤及深部组织或器官，或者将异物带入伤口深处，容易引起感染。

（2）处置。为了预防或减轻感染，应对被刺伤的运动者进行无菌操作。注意，要检查伤口，观察污染情况，判断是否有血管、肌腱等组织的损伤。较浅、小、干净的伤口，可用碘酊等消毒，然后用创可贴或消毒纱布覆盖；较大、深、不洁的伤口，应现场加压包扎后送医院进行处置。

3. 扭伤

扭伤属于闭合性软组织损伤之一，多是在外力作用下关节发生超常范围的活动，造成关节内外侧副韧带损伤。

（1）症状。关节出现疼痛、肿胀、皮下淤血、关节功能障碍等症状。轻者发生部分韧带纤维断裂，重者则韧带纤维完全断裂，并引起关节脱位或半脱位，同时合并关节内滑膜和软骨损伤。扭伤在运动中较为常见。

（2）处置。①关节韧带扭伤或部分韧带纤维断裂者，伤后应立即冷敷，加压包扎，抬高伤肢并休息，以减轻出血和肿胀的严重程度。24 ~ 48 小时后，拆除包扎固定，根据伤情可采用中药外敷、痛点药物注射、理疗或按摩等，但理疗或按摩在开始时只能施于伤部周围，3 天后方可用于伤部。②韧带纤维完全断裂者，经急救处理后应被送至医院，以争取进行早期手术缝合或固定。关节韧带扭伤时，当关节肿胀和疼痛减轻后，在不引起疼痛或疼痛加重的原则下，尽早进行伤肢功能性活动，防止发生肌肉萎缩和组织粘连，以促进功能恢复。

4. 肌肉拉伤

肌肉拉伤是指由于肌肉的猛烈收缩或被动牵拉超过了肌肉本身所能承受的限度，而引起的肌肉损伤。肌肉损伤除可由直接外力作用引起肌肉挫伤外，还可由间接外力作用使肌肉发生拉伤。

（1）症状。肌肉拉伤可发生在肌腹或肌腹与肌腱交界处，或肌腱的起止部。轻者发生微细损伤，重者则肌纤维大部分断裂或完全断裂，甚至发生撕脱骨折。肌肉拉伤后，伤处疼痛、肿胀、压痛，肌肉紧张或痉挛，触之发硬。受伤肌肉做主动收缩或被动拉长的动作时，疼痛会加重。肌肉严重拉伤时，患者在受伤时可听到断裂声，疼痛和肿胀明显，皮下淤血显著，运动功能出现严重障碍，肌肉出现收缩畸形。

（2）处置。①肌肉微细损伤或少量肌纤维断裂时，应立即冷敷、加压包扎并抬高伤肢，注意局部休息。②疼痛较重者可遵医嘱口服镇静剂、止痛剂。24 ~ 48 小时后可遵医嘱采用中药外敷、痛点药物注射、理疗或按摩等。③肌纤维大部分断裂或完全断裂时，经加压包扎等急救处理后，应立即将伤员送至医院，及早进行手术。

5. 关节韧带拉伤

关节韧带拉伤是指在间接外力的作用下，关节发生超常范围的活动而引起的关节韧带损伤，是一种闭合性软组织损伤。在运动中较常见的是踝关节、膝关节、掌指（间）关节和肘关节韧带拉伤。

（1）症状。在外力作用下，关节发生超常范围的运动，关节内外侧韧带受到过度的或猛烈的牵拉而造成损伤。轻者仅是少量韧带纤维断裂，重者则是部分韧带纤维断裂或韧带纤维完全断裂，甚至引起关节半脱位或完全脱位，同时还可合并关节内滑膜、软骨损伤或撕脱骨折等。伤后局部疼痛、肿胀，若伤及关节滑膜或韧带断裂、合并关

节内其他组织损伤，整个关节将肿胀或血肿，局部有明显压痛。关节功能障碍时，轻者关节活动受限，不能着力；韧带纤维完全断裂或撕脱时，关节有不稳或松动感，关节功能明显障碍。

（2）处置。关节韧带拉伤是运动中常见的损伤。早期如误诊或处理不当，转成慢性或遗留功能障碍，则会影响比赛和训练。处理基本原则：早期止血，预防肿胀；晚期消炎活血。

关节韧带拉伤刚发生时应压迫及减少局部供血（降温），经冰袋冷敷或冷水淋浴、喷冷冻剂后，覆盖绷带加压包扎。24 小时后打开绷带观察伤部变化，考虑是否做进一步处理。拉伤后早期妥善处理，对减少淤血肿胀、防止韧带无力是非常重要的。24~48 小时后出血停止，遵医嘱局部用封闭治疗、中药外敷、理疗或按摩等，促进组织损伤后的炎症尽快消散。1~3 周后，大多都能恢复。伤后的运动练习，要尽量用支持带保护，避免再损伤。

6. **挫伤**

挫伤又称撞伤，是指钝性外力直接作用于人体某部位而引起该处及其深部组织损伤的一种急性闭合性软组织损伤。

（1）症状。常见的挫伤部位是大腿与小腿的前部，头、胸、腹部的挫伤也并不少见。单纯性挫伤，轻者仅在伤部出现疼痛、肿胀、局部皮肤青紫、压痛和功能障碍等症状；严重挫伤或有合并症时，可因皮下出血而形成血肿或瘀斑，疼痛和功能障碍较为明显。头部或躯干部的挫伤较为严重者可并发脑组织或内脏器官的损伤，甚者出现全身症状或某些特殊体征。

（2）处置。单纯性挫伤的处理，一般分为 3 期，若病情较轻，可把后 2 期合并兼治。①限制活动期。受伤 24~48 小时内，局部冷敷，加压包扎，抬高伤肢，并休息。较轻的挫伤可外敷安福消肿膏或一号新伤药。疼痛较重者，可遵医嘱内服镇静剂、止痛剂。股四头肌和腓肠肌挫伤时，应注意严密观察。若出血较多、肿胀不断发展或肿胀严重而影响血液循环，应将伤者送医院进行手术治疗，取出血块，结扎出血的血管。②恢复活动期。受伤 24~48 小时后，肿胀已基本消退，可拆除包扎进行温热疗法，包括各种理疗和按摩。在伤情允许的情况下，应尽早进行伤肢的功能锻炼，逐渐增加关节的活动幅度。股四头肌挫伤时，当病情已稳定、患者可以控制股四头肌收缩时，才可开始做膝关节的屈伸活动，先做伸膝练习，屈膝练习宜晚些，不可操之过急。当膝关节能屈至 90°、走路不用拐杖时，可视为此期治疗结束。③功能恢复期。功能恢复期应逐渐增加抗阻练习和参加一些非碰撞性练习，如打乒乓球、羽毛球等，并配合进行理疗和按摩等，直至关节功能恢复正常。

混合性挫伤并出现休克的伤者，经急救处理后，应尽快将其送到医院。

（二）骨折

1. **骨折发生机制**

骨折分为完全性骨折（骨完全断裂，如横断骨折）和不完全性骨折（骨未完全断裂，如柳枝骨折）。运动时发生骨折的原因如下。

（1）直接暴力。直接暴力系暴力直接作用于受伤部位。比如，足球运动员胫骨骨折，常见于一方球员直接踢在另一方球员的小腿上所致。

（2）间接暴力。间接暴力导致的骨折发生在接触暴力较远的部位，多是由于外力的传导、杠杆、旋转等作用所致。比如，肱骨髁上骨折，多由伤者失足跌倒、手掌撑地、暴力上传导致；锁骨骨折，多为摔倒时手撑地面所致。

（3）牵拉力。因肌肉强烈收缩时引起，如举重时提起杠铃突然进行翻腕动作，前臂屈肌附着在肱骨内上髁处可因肌肉突然收缩而产生撕脱骨折。

（4）积累性暴力。因劳损的积累导致疲劳性骨折，如胫骨疲劳性骨折。

2. 骨折的症状与体征

（1）疼痛：较明显，动则加剧，可引起休克。

（2）畸形：与健侧比较有成角、变短等异态。

（3）活动失常：失去正常活动功能，而在关节以外的地方出现异常活动。

（4）肿胀：伤后不久便出现，也可成血肿。

（5）压痛：骨折处压痛最明显，轴线撞击时骨折处剧痛。

（6）骨擦音：轻微活动或推摸局部时，断端会出现骨擦音。

3. 骨折的预防

在剧烈运动中，尽量减少冲撞性的动作，尤其是作用时间短、强度大的动作是骨折发生的危险因素。比如，足球运动中腿部受到冲撞，胫、腓骨极易发生骨折；进行体操动作练习时，腕部舟状骨容易发生骨折。总之，避免剧烈运动中的碰撞，骨折的发生率将大大降低。

4. 骨折的处置

骨折发生后要立即停止伤肢的活动，并进行急救。如果病人有休克的症状，要平躺休息，喝些热茶水，然后进行包扎。固定包扎时，动作要轻巧、缓慢，不要乱拉乱拖，以免造成严重的错位，影响整复。包扎固定后，应送至医院接受进一步的治疗。

（三）出血和止血

1. 分类

（1）根据出血流向分类。根据出血流向分类，出血可分为外出血和内出血。

①外出血：指体表有伤口，血液从伤口往体表外流出。外出血是运动损伤中常见的一种出血方式，也是威胁伤者生命的重要因素之一。因此，采取妥善的止血方法就显得尤为重要。

②内出血：指体表无伤口，血液由破裂的血管流入组织（皮下组织、肌肉组织）、体腔（胸腔、腹腔、关节腔）等。运动中常见的内出血有皮下淤血、膝关节腔内积血、腹部严重挫伤时导致肝破裂或其他脏器损伤时的腹腔内出血。内出血没有血流出体外，较为隐蔽，不易及时发现，一旦发现，就可能已经酿成大出血而危及生命。因此，如果受伤后没有外出血，但伤者有失血的表现，就有内出血的可能，应及时送至医院处理。

（2）根据受伤血管分类。根据受伤血管分类，出血可分为动脉出血、静脉出血和毛细血管出血。

① 动脉出血：鲜红、喷射状、失血快、危险大。

② 静脉出血：暗红、连续、失血较快。

③ 毛细血管出血：血色红、渗出、失血慢。

2. **止血方法**

（1）间接指压法。这一方法简便有效，可用于浅部动脉出血，方法正确可即刻止血。需要注意的是，动脉出血时指压伤口的近心侧，静脉出血时指压伤口的远心侧。常用的压迫止血点如下。

① 头部出血：头顶、额部及颞部出血，压迫颞动脉。压点在耳前，用手指正对颧骨后端骨面压迫。（图 3–1–1）

② 面部出血：压迫颌外动脉，压点在下颌角前约半寸处。（图 3–1–2）

③ 颈部出血：压迫颈总动脉，压点在甲状软骨外搏动处。注意：不要同时压迫两侧的颈总动脉，以免引起大脑出血。（图 3–1–3）

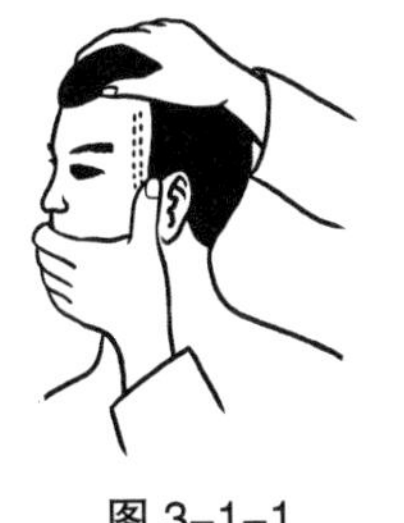
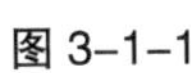
图 3–1–1

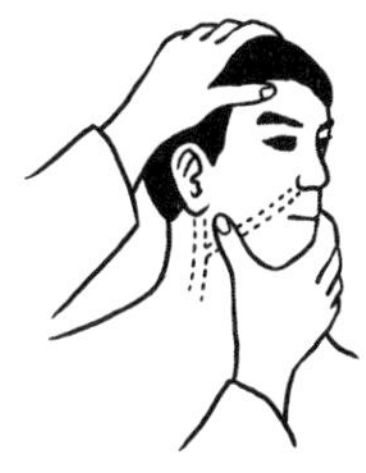
图 3–1–2

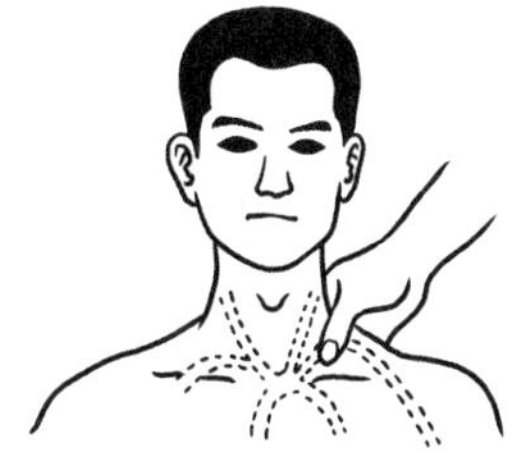
图 3–1–3

④ 上肢出血：腋部和上臂出血时压迫锁骨下动脉，压点在锁骨上方，胸锁乳突肌外缘。前臂出血时压迫肱动脉，伤者患肢外展，用拇指压迫上臂内侧上 1/3 处。（图 3–1–4）

⑤ 下肢出血：大腿部出血时压迫股动脉，压点在腹股沟中点该动脉搏动处。（图 3–1–5）

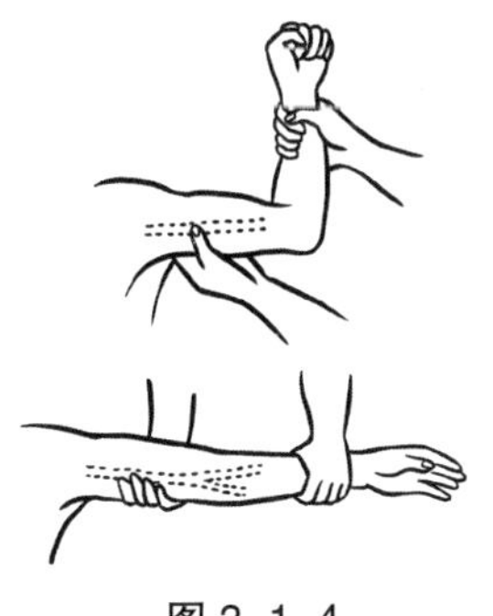
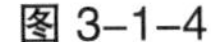
图 3–1–4

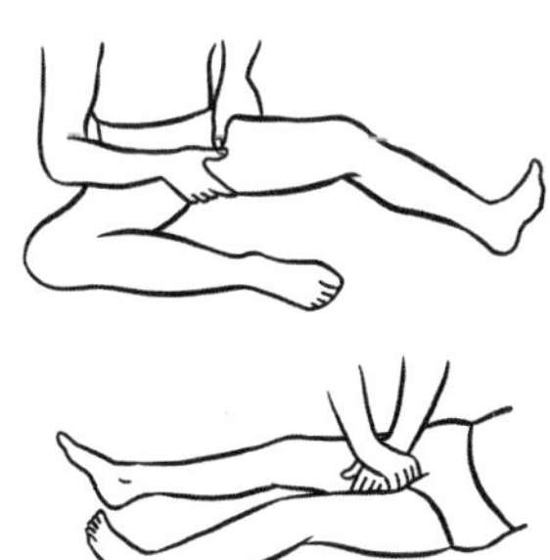
图 3–1–5

（2）加压包扎法。这一方法适用于小静脉和毛细血管出血。方法是将伤口消毒后撒上消炎药粉，盖上纱布块，用绷带包扎即可。

（3）加垫屈肢止血法。这一方法适用于肢体出血（如前臂、手和小腿、足）。将棉垫或绷带卷放在伤者肘窝或膝窝上，令伤者肘关节或膝关节尽量弯曲，再用绷带做“8”字形包扎。

（4）止血带法。这一方法适用于四肢动脉大出血、创面大或不整齐时。常用皮管、橡皮带、气压式止血带等工具来止血，也可根据现场情况来选材止血，如用布带、手帕、领带、长袜等折叠成带状或用衣服撕成布条，宽度至少5厘米，用来替代止血带。方法：用止血带在出血部位的近端（近心侧）扎紧（上肢应在上臂的上1/3处，下肢在靠近大腿根部），压力不小于20毫米汞柱，因为压力太小只能闭锁静脉，而动脉仍可继续出血。

严重出血用以上方法处置后立即送医院治疗。

第二节　大学生生活卫生与运动卫生

健康是人生最宝贵的财富，是人类美好的愿望。常言道：“生命在于运动。”这说明了运动在人生命活动中的重要作用。在运动时必须遵循人体生理活动规律和一定卫生要求，才能达到提高健康水平、增强体质的目的。

一、生活卫生

（一）生活制度卫生

生活制度是指对一天内的饮食、学习、休息和运动等各项内容做出基本固定的时间安排。合理的生活制度有利于机体内的各种生理活动，有利于身体健康。每天养成有规律的生活习惯，既有利于大学生完成学习任务，提高学习效率，也有助于提升大学生的身心健康。人的一切活动都是在大脑皮层支配下完成的。每天在相对固定的时间起床、吃饭、休息和运动，养成有规律的学习、生活习惯，将使大脑皮层有关区域的兴奋和抑制的转换也建立起相应的顺序，形成大脑皮层的“动力定型”。神经系统和组织、器官的活动有一定的规律，就可以使机体在一定时间内对某种活动有所准备。如果生活制度不合理，经常打乱作息制度，会使大脑皮层中建立起来的“动力定型”遭到破坏。神经系统的机能减弱时，各器官、系统的机能也相应受到影响，会降低机体的机能，影响学习和工作效率，有损身体健康。但是，大脑皮层的“动力定型”的建立不是一成不变的。由于大脑皮层功能的可塑性，对于新的环境，只要逐步适应，就可以改变大脑皮层的“动力定型”。

（二）饮食卫生

1. 合理营养

食物中有效的营养成分叫营养素。根据化学性和生理作用可将营养素分为七大类，

即蛋白质、脂肪、碳水化合物、矿物质、维生素、水和膳食纤维。在校大学生脑力劳动紧张，体育锻炼、文化娱乐、社交活动形式较多，能量消耗较大，需要食物营养补充。同时，为了有助于营养素被人体消化吸收和利用，大学生还要注意保持各种营养素之间数量的平衡。

2. 合理的饮食制度

饮食制度应包括每日进餐时间和食物量的分配等内容。一般认为，早餐热量占全日热量的 30% 左右、午餐热量占全日热量 40% 左右、晚餐热量占全日热量 30% 左右较为适宜。每日三餐的时间应基本稳定，并力求做到与运动有一定的时间间隔。

（1）饮食习惯。

① 运动后不宜立即进食。人在剧烈运动之后，往往会产生饥饿感。为了补充失去的能量，很多人进食的量会比平时多，他们以为这样就会将运动时消耗的能量全部补回来。据研究，人体在运动中消耗的主要是矿物质、水和脂肪。运动后产生的饥饿感，不一定是真正的饥饿，而常常是口渴。这时正确的做法应该是先补充液体，如喝些水或果汁，以补充失去的矿物质和水，半小时以后再进食，可以吃些平时爱吃的低热量食品，以不感到饱胀为原则。这样既能补充运动中消耗的能量，又不会使失去的多余脂肪很快回到体内，从而保持健美的身材。

② 饭后不宜立即进行剧烈运动。运动前 1 小时进食，是为了避免因为体育活动而导致消化功能紊乱。同时，要避免食用难以消化的食物，如油炸食品等，否则可能会引起腹痛、恶心等症状，也可能会导致胃下垂。

③ 合理安排一日三餐。一日三餐是古已有之的饮食制度，然而从目前的实际情况来看，大学生不吃早餐的现象有增无减。他们常把早餐时间用来睡觉，起床后即匆忙赶去教室上课，致使上课时血糖浓度降低，疲劳很快出现，导致学习效率降低，身体也受到损害。不吃早餐的大学生自以为可以利用第二节课后去补充食品，殊不知这样正好打乱了自己的生物钟，其结果是午餐没有食欲，不能好好地进食，导致下午不是饥饿就是腹胀，肠胃功能出现紊乱。有的大学生在夜间临睡前还饱餐一顿，这也是十分不好的饮食习惯。无规则的进食很容易引起胃病，其中胃溃疡较为普遍。这就是许多大学生肠胃功能不好、胃病发病率高的重要原因。因此，注重正常的饮食制度，吃好三餐，对保持身体健康有良好的功效。

（2）饮食量。

饮食量不单指饮食的数量，更重要的是指饮食中所含身体必需的能量的多少。大学生一天的学习、运动和日常生活需消耗较多的能量，由于个体差异较大，每个人的饮食量都可能不同，所以饮食量应以主观感受为前提，以主食为基础，副食不宜摄入过多。常言说：“一日三餐七分饱，身体健康精神好。”

（3）饮食成分。

饮食成分是指饮食中所含的营养成分。蛋白质、脂肪、碳水化合物、矿物质、维生素、水和膳食纤维是人类保持健康必需的营养成分。

（三）睡眠卫生

一般来说，青少年每天应睡 8~9 小时，成人每天一般应保持约 8 小时的睡眠。睡眠时，中枢神经系统，特别是大脑皮质的抑制过程占优势，能量物质的合成过程也占优势，体内的一些代谢产物被利用或排除，疲劳得以消除。为此，必须有足够的睡眠时间解除一天的疲劳。每天尽可能按时睡觉，保持充足的睡眠时间。这不仅有利于工作与学习，而且还能使身体健康成长。为了保证良好的睡眠，睡前 1 小时不宜进行剧烈运动，以免引起神经细胞的过度兴奋，影响睡眠。但是，睡前进行适度的运动，能对人体起到良好的调节作用，降低大脑的兴奋性，有助于睡眠。

睡前不宜吃得过饱，以免增加肠胃负担，刺激消化液增加，打乱消化液的正常分泌。胃不停地蠕动，胃肠的神经也会受到刺激，人就会感到胃不舒服，“撑”得难受，睡不踏实。临睡前也不宜喝太多水，否则除了会导致胃液稀释和夜间多尿外，还会诱发眼睑水肿和眼袋。睡前用温水洗脚，漱口刷牙，保持室内通风和卧具的清洁卫生，都对睡眠有益。

（四）戒除不良嗜好

吸烟可诱发某些严重疾病，可能导致劳动能力的丧失及许多不良后果。长期大量吸烟可能引发的常见病有肺癌、呼吸道疾病、心血管疾病、中枢神经系统疾病、消化系统疾病等。吸烟同时也污染环境，影响被动吸烟者的健康。长期大量饮酒，同样可能会损害人体健康。吸烟、酗酒等不良嗜好，对人体健康有很大危害，应坚决戒除。

二、运动卫生

（一）运动前卫生

1. 准备活动

准备活动指运动前进行的有目的和指向性的身体练习，包括一般性准备活动和专项性准备活动。运动前做好充分的准备活动，目的是通过各种练习提高中枢神经系统的兴奋性，使兴奋达到适宜的水平；预先加强各器官系统的活动，克服各器官活动的惰性；加强心血管和呼吸器官的活动能力，使人体从相对静止的状态过渡到紧张活动的状态，预防意外的发生，减少肌肉、关节和韧带的损伤。

准备活动的内容和时间的长短，应根据运动项目、内容、季节变化和身体条件来安排。一般以使身体稍微发热、心率上升到 130~160 次 / 分为宜，应使内脏器官、肢体的活动幅度和肌肉力量等方面达到适宜的工作状态。

2. 运动前饮水

运动前应适当饮水，但不宜一次性大量饮水。饮水过多，会使胃膨胀，影响运动能力。

（二）运动中卫生

1. 选择好运动着装

衣着应大小适宜，有一定的透气性和吸水性，并经常保持清洁卫生。鞋子大小要合适，应尽可能穿运动鞋。夏季应穿着浅色薄运动衣裤，冬季应注意保暖，但不能妨碍运动。运动时身上不能佩戴尖利物件。

2. 选择良好的运动环境

选择在空气清新、流通性较好、温度较适宜、场地整洁的运动场所进行运动。这样既有利于运动的开展，也有利于大学生的身体健康。

3. 合理安排运动量

合理安排运动量指在进行体育运动时应根据年龄、性别、体质、健康水平和技术的熟练程度合理安排练习的强度、密度、时间和数量。一般大学生在上一堂体育课时的平均心率应达 130~170 次 / 分。运动量适宜时睡眠良好、食欲增加、精力充沛，如果超过了大学生的生理负荷量，反而会伤害其身体健康，影响其正常的学习、生活。

4. 运动中饮水

人体体重的 60% 是水，而水在血液中含量高达 90%。在运动时，机体需要保持充分的血容量，以加强肌肉组织的血液供应，保证肌肉中物质代谢过程的进行。在运动时，身体会大量出汗，体内缺少水分，必须及时补充水分，否则会影响机体正常生理机能，导致全身无力、口唇发干、精神不振和疲劳等现象，使机体机能下降，因此及时补充水分十分重要。但在运动中不能大量饮水。大量饮水会使胃部膨胀，妨碍膈肌的活动，影响呼吸，使运动能力下降。同时，大量饮水会使水进入血液，使血液量增多，从而加重心脏、肾脏的负担，有碍健康。运动中口渴时应少量多次地饮水，同时，宜饮用淡盐开水或运动饮料，以保持体内水盐的平衡，起到润喉、止渴和预防肌肉抽筋的作用。

（三）运动后卫生

1. 整理活动

整理活动是指在正式运动后，做一些加速机体机能恢复的较轻松的身体练习，目的在于使机体由紧张激烈的肌肉运动阶段逐渐过渡到相对安静的阶段。整理活动是加速消除疲劳、促进体力恢复的良好措施。整理活动应着重于全身性放松，尽量采用轻松、柔和的练习，减少活动量，逐步减慢节奏，以促使呼吸频率和心率逐步下降。

2. 注意保暖

运动后应注意身体的保暖。夏天运动后马上洗冷水澡、吹电扇，冬天运动后到室外吹风凉快等，都会对关节造成伤害。因为运动后全身的毛细血管都是舒张的，热量大量散发，如用冷水刺激，容易引起感冒。经常受冷刺激，还会导致关节炎的发生。

3. 不宜立即洗热水澡

运动后也不宜立即洗热水澡，因为运动时流向肌肉的血液增加，心肌供血增加以应运动所需，运动后，加快了的心跳和血液流动仍会持续一段时间才会恢复正常，如果在心脏和血液没有恢复正常以前立刻洗热水澡，会使血液往肌肉和皮肤的流量继续大量增加，结果可能使剩余的血液不足以供应身体其他器官的需要，尤其是心脏和脑部的需要，导致心脏病突发或脑部缺氧。

4. 运动服装

运动后汗湿的衣物要及时换掉，洗干净；鞋要放在通风的地方，去味，保持干净。

5. 运动后饮水

运动后应适当补充水分，但不宜一次性大量饮水，否则会使尿量和汗水增加，加重体内电解质的进一步丢失，还会增加人体心脏、肾脏的负担。大量饮水还会造成胃液稀释，影响食欲和消化，易导致胃病。

（四）女子运动卫生

女子经常参加运动，不仅可以促进身体发育、增进健康、提高身体各器官和系统的功能水平，从而能更好地胜任对身体要求较高的工作任务，还可以使身体各部位的肌肉得到协调、均匀的发展。

1. 女子运动卫生的一般要求

女子在青春期骨盆尚未发育完全，不宜过多地进行负担量过大的练习或做过量的负重练习，最好避免采用剧烈震动和引起腹内压升高的身体练习，如从高处跳下、举重或憋气的练习。女子在青春期后期可多从事一些增强腹肌、腰背肌、盆底肌的练习和增强上肢力量的练习。由于女子的呼吸和循环机能较差，在运动中，要掌握适宜的运动量。运动量过大，不利于女子身心健康的发展，而运动量过小则达不到锻炼效果，因此，要因人而异，从个人的身体实际情况出发，制订合适的运动计划和选择科学的锻炼方法。一般来说，应多采用一些运动量适中、针对性强、能体现女性美的练习项目，如有氧健身操、健美操、舞蹈、形体训练、艺术体操等。

2. 女子月经期的运动卫生

月经是女子正常的生理现象。在月经期间，人体一般不会有明显的生理机能变化。所以，身体健康的女子在月经期间不必完全停止运动。进行适度的运动不仅可以改善盆腔的血液循环，减轻盆腔充血现象，而且由于腹肌和盆底肌的收缩与放松活动，还能对子宫起到柔和的按摩作用，有助于经血的排出。女子在月经期间参加运动应注意以下几点。

（1）运动量要适宜。女子在月经期间参加运动，运动量应小些，运动时间也不宜太长。可在早晨和课外活动时间，进行体操、散步、慢跑等运动量较小的活动，应避免做强度大或震动大的跑跳动作，如速度跑、跨跳等；也不要做使腹内明显增压的憋气和静力性动作，如推铅球、倒立、收腹等，以免子宫受压、受挤而引起经血过多或子宫位置改变。

（2）月经期间不宜游泳。因为经期子宫口开放，子宫内膜破裂出血，这时如果参加游泳活动，病菌容易侵入内生殖器官，引起炎症性病变。

（3）月经期间要避免寒冷刺激，如冷水浴锻炼，以免发生痛经、闭经或月经淋漓不

净等。月经期间也不宜进行日光浴锻炼。

（4）有月经紊乱、痛经等现象发生时，则应暂时停止运动。

思政课堂

生命在于运动，运动需要安全的方式。大学生只有了解常见的运动损伤和急救措施，才能科学地进行运动，并保障身心的健康发展，从而使自己有充沛的精力学习各方面的知识和技能，为中国特色社会主义建设贡献自己的力量。

考核测评

简述扭伤的症状与处置

<table>
<tr><td>姓名：</td><td>院（系）：</td><td>学号：</td><td>日期：</td></tr>
<tr><td colspan="4"></td></tr>
<tr><td colspan="4">得分：</td></tr>
<tr><td colspan="3">体育教师签字：</td><td>日期：</td></tr>
</table>

第四章 运动与营养

第一节 人体必需的营养素

营养素是维持正常生命活动所必需摄入的食物成分。人体必需的营养素主要包括蛋白质、脂肪、碳水化合物、矿物质、维生素、水和膳食纤维七大类。

一、蛋白质

机体组织细胞成分主要为蛋白质，体液也含有蛋白质。蛋白质的营养作用在于它的各种氨基酸。组成食物蛋白质的氨基酸有 20 种，其中有多种不能在人体与动物体内合成、必须获自食物的氨基酸被称为必需氨基酸，即甲硫氨酸、赖氨酸、色氨酸、苏氨酸、缬氨酸、苯丙氨酸、亮氨酸和异亮氨酸。除这些必需氨基酸以外的其他氨基酸，因为都能在机体内合成，故被称为非必需氨基酸。各种蛋白质的氨基酸的种类与含量是不相同的。有的蛋白质缺少某种必需氨基酸，如明胶蛋白不含色氨酸、玉米胶蛋白不含赖氨酸，因此，评价一种食物蛋白质的营养价值，主要应视其所含的各种必需氨基酸的含量是否能满足机体的需要。必需氨基酸不足时，机体就不能有效地合成蛋白质，其他氨基酸只能经脱氨代谢，生成碳水化合物（糖异生）和作为燃料供能。由此可知，食物蛋白质的氨基酸是决定食物质量优或劣的关键。

二、脂肪

脂肪的基本组成单位为脂肪酸，有必需脂肪酸和非必需脂肪酸之分。必需脂肪酸主要有 2 种，即亚油酸和亚麻酸。动物缺乏必需脂肪酸时，会生长迟缓，出现皮肤症状（如脱毛、湿疹性皮炎、鳞皮等）。相关资料显示，幼儿缺乏必需脂肪酸时也有同样症状，但成年的动物和人体很难产生这样的症状。这是因为成年动物和人体内有较多亚油酸储备。必需脂肪酸缺乏，可引起细胞膜磷脂的脂肪酸组成的改变，影响细胞膜的功能；还可减少前列腺素的合成。人的必需脂肪酸需要量按热量计为人体每日需要热量的1%~2%。

三、碳水化合物

碳水化合物主要作用是供能。食物中的碳水化合物的形式是多糖（淀粉）和纤维素。多糖的降解产物——单糖，可为绝大多数生物所利用，而纤维素则仅在具有纤维素酶的生物体内才能被降解和利用。在膳食热量摄入不足时，机体的脂肪和蛋白质将被分解以补充热量的不足，人体表现为生长停滞、体重下降，严重时可致死亡。若膳食中碳水化合物的热量过低、脂肪热量过高将会发生酮症。减肥的人如果过多地限制碳水化合物摄入，以限制热量的摄入，并加强锻炼以消耗热量，在这种情况下也会出现酮症。对于人体，来源于碳水化合物的能量不宜少于总热量的45%。

四、矿物质

人体内有数十种矿物元素，广泛分布于全身。目前尚未证明这些元素全部具有生理功能。其中，少部分具有生理功能的元素被称为必需元素。按其在体内的含量又分为常量元素和微量元素。前者有钙、磷、镁、钾、钠、氯、硫；后者有铁、铜、锌、锰、钼、铬、钴、镍、钒、锡、碘、硒、硅、氟等。钙、磷、镁是骨骼和牙齿的主要成分。钙与镁在肌纤维收缩、神经传导、激活生化反应中起重要作用，钙在凝血中起着极其重要的作用。磷与能量代谢有关。三磷酸腺苷（ATP）是储存和释放能量的重要化合物。镁为产生三磷酸腺苷的激活物质。镁、钾、钠、氯都是维持体液酸碱平衡和适宜渗透压的重要电解质。硫为甲硫氨酸和胱氨酸，以及几种维生素，如硫胺素、泛酸和生物素的组成成分。硫与氢组成的巯基在生物反应中有重要作用。

在微量元素中，铁是血红蛋白的重要成分，为携带氧的载体。铜与铁在血红蛋白合成中有协同作用。碘是甲状腺素的主要成分。铬是葡萄糖耐量因子的成分。钴是钴胺素B_{12}的成分。锌是40余种酶的辅基，缺乏时将导致生长停滞和性发育不成熟。锰、钼、硒也都是酶的成分。氟由于具有防龋齿作用，因此，也是必需元素。其余的元素如镍、钒、锡、硅在动物实验中发现有缺乏表现，但其机制尚未阐明。必需元素摄入过量时，对机体也可产生不利影响。

五、维生素

维生素为机体所必需的微量有机化合物。每种维生素都有各自的生理功能，缺乏时会引起特殊的疾病，严重缺乏时可致死亡。维生素分为脂溶性维生素和水溶性维生素2种。现在已知的脂溶性维生素有维生素A、维生素D、维生素E、维生素K；水溶性维生素有维生素B_1、维生素B_2、维生素B_6、维生素B_{12}、烟酸、叶酸、生物素、泛酸、维生素 C 等。

六、水

水是一切生命的源泉，约占人体重量的 60%。水是人体易得的，但却是七大营养素中最为必要的。水作为体内一切化学反应的媒介，是各种营养素和物质运输的介质。

七、膳食纤维

膳食纤维包括纤维素、半纤维素、果胶、藻多糖和木质素。膳食纤维经胃肠道中细菌的纤维素酶发酵，大部分被酶解为短链脂肪酸。流行病学及实验室工作证明，膳食纤维可降低癌症的发生率，如结肠癌。其原因在于它们的亲水性和形成凝胶的能力，利于粪便排出，从而加速了致癌的固醇代谢物的排泄，减少了其与结肠接触的时间。

第二节　运动前后的营养

一、运动前的营养

（一）运动前的食物选择

运动前应以碳水化合物含量多、脂肪含量少的食物为主，如面包、米饭、面条和水果等。这些食物容易消化，又能提供碳水化合物作为运动时的能量来源。如果运动时间为 60~90 分钟，就可以选择升糖指数较低的食物，如脱脂牛奶、米饭和豆类等。这些食物会被缓慢地利用，能够长时间地给运动中的肌肉供能。如果运动时间少于 60 分钟，可以选择高升糖指数的食物，如面包、运动饮料等。这些食物很快会被消化，能够迅速供能。

高纤维的食物容易使肠胃不舒服，因为它们需要比较长的时间才能被消化。有些高纤维的食物也富含碳水化合物，如全麦面包、高纤饼干和某些高纤饮料等。如果这些食物使人在运动中感觉不舒服，就应该避免在运动前吃这些食物。

（二）运动前的最佳进食时间

进食的时间因运动时间的变化和食物种类的不同而有所不同，总体原则是吃进去的食物可以在运动过程中提供充足的营养和能量，而又不至于在运动过程中引起肠胃不适。

进行身体震动比较大的运动时，如打篮球、跑步等，人体对胃内的食物通常比较敏感，少量的食物可能就会令人感到不舒服。这就需要在开始运动前更早的时候进食，或是减少食物的摄取，以减轻这些症状。一般而言，身体震动比较小的运动，如骑自行车和游泳等，一般不会受到胃中食物的影响，在进食的时间和食物的选择上有较大的弹性。

1. 上午 8 点的运动

前一天的晚餐必须富含碳水化合物。经过一夜后，肝脏中糖原的含量已经减少，而在运动前补充碳水化合物可以提高运动能力。在运动前 90~120 分钟应吃少量的早餐，如面包加果酱或水果；避免食用含高脂肪的食物，如包子、油饼等，因为它们不容易被消化，会在胃中停留比较长的时间，也无法提供足够的碳水化合物。若是习惯吃丰盛的早餐，就需要在运动前 2~3 小时进食，这样机体才有足够的时间消化摄入的食物。如果无法早起，在运动前 10~30 分钟也可以用运动饮料或是几片面包补充前一天晚上消耗的糖原。

2. 上午 10 点的运动

前一天晚餐必须富含碳水化合物。在当天 7 点左右吃丰盛且富含碳水化合物的早餐，身体可有 3 小时来消化这些食物。这样既补充了糖原，又不会造成肠胃不适，但是应该避免油腻的食物。

3. 午间 12 点的运动

前一天晚餐必须富含碳水化合物，当天吃丰盛且富含碳水化合物的早餐。若是 8 点吃早餐，在 11 点左右可以再吃少量的碳水化合物含量高的食物，如面包、果汁或水果等。若是 9 点吃早餐，运动前 10~30 分钟可以再补充一些运动饮料。

4. 午后 4 点的运动

前一天晚餐必须富含碳水化合物。当天早上 8 点吃丰盛的早餐，中午 12 点吃富含碳水化合物的午餐，下午 3 点吃少量碳水化合物含量高的食物，同时在一天中必须摄取充足的水分。运动前 20~30 分钟可以再补充一些运动饮料。

5. 晚间 8 点的运动

当天吃丰盛而富含碳水化合物的早餐和午餐，下午 5 点吃丰盛而富含碳水化合物的晚餐，或是下午 6 点吃少量但是富含碳水化合物的晚餐，避免吃高脂肪的食物，如油炸的食物、肥肉等。运动前 20~30 分钟喝 200~300 毫升的运动饮料或果汁。在一天中要摄取充足的水分。

二、运动后的营养

（一）碳水化合物的补充

糖原是动物体内贮存的碳水化合物，是运动时的主要能量来源之一，存在于肌肉和肝脏中。肌肉中的糖原只能供给肌细胞使用，而肝脏中的糖原能以葡萄糖的形式释放到血液中，供肌肉和身体其他器官使用。体内糖原存量不足以提供运动所需，是造成疲劳、运动能力降低、无法持续运动的原因之一。运动后体内的糖原存量显著地减少，若

是没有糖原的补充，下次运动时就会受到糖原不足的影响而导致运动水平下降。

研究显示，在运动后的 2 小时内，身体合成糖原的效率最高，2 小时后则恢复到平常的水平，因此在运动后迅速补充碳水化合物，就可以利用这一自然的高效率时段迅速地补充体内被消耗的糖原。如果下次运动是在 10~12 小时后，在这一高效率时段补充碳水化合物则特别重要。如果错过这个时段，即使在后续的时间补充了足够的碳水化合物，身体也可能没有足够的时间来完全补充消耗的糖原，使得体内的糖原存量一次比一次少，运动后身体越来越容易感觉疲劳。若是下一次运动在 24~48 小时之后，即使错过这段时间，也要着重于摄取碳水化合物含量高的食物，这样也有足够的时间补充消耗掉的糖原。

建设的做法是：在运动后 15~30 分钟之内进食 50~100 克的碳水化合物（大约每千克体重需要补充 1 克碳水化合物），然后每隔 2 小时再吃 50~100 克的碳水化合物。正餐及其他运动期间的饮食也应该以摄取富含碳水化合物的食物为主。

（二）蛋白质的补充

即使是没有身体接触的运动也会造成肌纤维和结缔组织的损伤，而一些接触性强的运动（如篮球、足球等）会造成更多的肌纤维和结缔组织的损伤。蛋白质是肌纤维和结缔组织的重要组成成分，运动后迅速补充蛋白质有助于修复受伤的肌纤维和结缔组织，所以运动后补足蛋白质至关重要。

思政课堂

党的二十大报告提出：“人民健康是民族昌盛和国家强盛的重要标志。把保障人民健康放在优先发展的战略位置，完善人民健康促进政策。”

考核测评

简述运动后的营养补充

<table>
<tr><td>姓名：</td><td>院（系）：</td><td>学号：</td><td>日期：</td></tr>
<tr><td colspan="4"></td></tr>
<tr><td colspan="4">得分：</td></tr>
<tr><td colspan="3">体育教师签字：</td><td>日期：</td></tr>
</table>

第五章 《国家学生体质健康标准（2014 年修订）》介绍

第一节 实施说明

《国家学生体质健康标准（2014 年修订）》（以下简称《标准》）是国家学校教育工作的基础性指导文件和教育质量基本标准，是评价学生综合素质、评估学校工作和衡量各地教育发展的重要依据，是《国家体育锻炼标准》在学校的具体实施，适用于全日制普通小学、初中、普通高中、中等职业学校、普通高等学校的学生。

《标准》从身体形态、身体机能和身体素质等方面综合评定学生的体质健康水平，是促进学生体质健康发展、激励学生积极进行身体锻炼的教育手段，是国家学生发展核心素养体系和学业质量标准的重要组成部分，是学生体质健康的个体评价标准。

《标准》将适用对象中高校部分分为：大学一、二年级为一组，三、四年级为一组。大学各组别的测试指标均为必测指标。其中，身体形态类中的身高、体重，身体机能类中的肺活量，以及身体素质类中的 50 米跑、坐位体前屈、立定跳远为各年级学生共性指标。

《标准》的学年总分由标准分与附加分之和构成，满分为 120 分。标准分由各单项指标得分与权重乘积之和组成，满分为 100 分。附加分根据实测成绩确定，即对成绩超过 100 分的加分指标进行加分，满分为 20 分；大学的加分指标为男生引体向上和 1000 米跑，女生 1 分钟仰卧起坐和 800 米跑，各指标加分幅度均为 10 分。

根据学生学年总分评定等级：90.0 分及以上为优秀，80.0~89.9 分为良好，60.0~79.9 分为及格，59.9 分及以下为不及格。

每名学生每学年评定一次，记入《〈国家学生体质健康标准〉登记卡》。特殊学制的学校，在填写登记卡时可以按规定和需求相应地增减栏目。学生毕业时的成绩和等级，按毕业当年学年总分的 50% 与其他学年总分平均得分的 50% 之和进行评定。

学生测试成绩评定达到良好及以上者，方可参加评优与评奖；成绩达到优秀者，方可获体育奖学分。测试成绩评定不及格者，在本学年度准予补测一次，补测仍不及格，则学年成绩评定为不及格。普通高等学校学生毕业时，《标准》测试的成绩达不到 50 分者按结业或肄业处理。

学生因病或残疾可向学校提交暂缓或免予执行《标准》的申请，经医疗单位证明，体育教学部门核准，可暂缓或免予执行《标准》，并填写《免予执行 < 国家学生体质健康标准 > 申请表》，存入学生档案。确实丧失运动能力、被免予执行《标准》的残疾学生，仍可参加评优与评奖，毕业时《标准》成绩需注明免测。

各学校每学年开展覆盖本校各年级学生的《标准》测试工作，《标准》测试数据经当地教育行政部门按要求审核后，通过“中国学生体质健康网”上传至“国家学生体质健康标准数据管理系统”。测试和数据上传时间由教育行政部门确定。

单项指标与权重见表 5–1–1。

表 5–1–1　单项指标与权重

测试对象	单项指标	权重 /%
大学各年级	体重指数（BMI）	15
	肺活量	15
	50 米跑	20
	坐位体前屈	10
	立定跳远	10
	引体向上（男）/1 分钟仰卧起坐（女）	10
	1000 米跑（男）/800 米跑（女）	20

注：体重指数（BMI）= 体重（千克）/ 身高^2（米^2）。

第二节　测试方法

一、身高

（一）测试目的

测试学生的身高，与体重测试相配合，评定学生的身体匀称度，评价学生生长发育水平及营养状况。

（二）场地器材

身高计。使用前应校对 0 点，以钢尺测量基准板平面至立柱前面红色刻线的高度是否为 10.0 厘米，误差不得大于 0.1 厘米。同时，应检查立柱是否垂直、连接处是否紧密、有无晃动、零件有无松脱等情况。如存上述情况应及时加以纠正。

（三）测试方法

受试者赤足，成立正姿势站在身高计的底板上（上肢自然下垂，脚跟并拢，脚尖分开约 60°），足跟、骶骨部及两肩胛区与立柱相接触，躯干自然挺直，头部正直，耳屏上缘与眼眶下缘成水平。记录以厘米为单位，精确到小数点后一位。测试误差不得超过 0.5 厘米。

二、体重

（一）测试目的

测试学生的体重，与身高测试相配合，评定学生的身体匀称度，评价学生生长发育水平及营养状况。

（二）场地器材

杠杆秤或电子体重计。使用前需要检验其准确度和灵敏度。准确度要求误差不得超过 0.1%，即每 100 千克误差小于 0.1 千克。准确度的检验方法：以备用的 10 千克、20 千克、30 千克标准砝码（或用等重标定重物代替）分别进行称量，检查指标读数与标准砝码误差是否在允许范围。灵敏度的检验方法：置 100 克重砝码，观察刻度尺变化，如果刻度抬高了 3 毫米或游标向远移动 0.1 千克而刻度尺维持水平位，则达到要求。

（三）测试方法

测试时，杠杆秤应放在平坦地面上，受试者赤足，男性受试者身着短裤，女性受试者身着短裤短袖衫，站在秤台中央。记录以千克为单位，精确到小数点后一位。测试误差不超过 0.1 千克。

三、肺活量

（一）测试目的

测试学生的肺通气功能。

（二）场地器材

电子肺活量计。

（三）测试方法

使用干净的吹嘴。受试者进行一两次较平日深一些的呼吸动作后，更深地吸一口气，向吹嘴处慢慢呼出至不能再呼出为止。每位受试者测 1 次，记录以毫升为单位，不保留小数。

四、50 米跑

（一）测试目的

测试学生速度、灵敏素质及神经系统灵活性的发展水平。

（二）场地器材

50 米直线跑道若干条，地面平坦，地质不限，跑道线要清晰。发令旗 1 面，秒表若干块（1 道 1 表）。秒表使用前应用标准秒表校正，每分钟误差不得超过 0.2 秒。标准秒表的选定，以北京时间为准，每小时误差不得超过 0.3 秒。

（三）测试方法

受试者至少 2 人 1 组测试，采用站立式起跑。受试者听到“跑”的口令后开始起跑。发令员在发出口令的同时要摆动发令旗。计时员视旗动开表计时，当受试者的躯干部到达终点线垂直面时停表。记录以秒为单位，精确到小数点后一位。小数点后第二位数按非 0 进 1 原则进位，如 10.11 秒读成 10.2 秒，并记录之。

五、立定跳远

（一）测试目的

测试学生下肢肌肉爆发力及身体协调能力的发展水平。

（二）场地器材

沙坑（沙面与地面齐平）或土质松软的平地。起跳线至沙坑近端不得少于 30 厘米。起跳地面要平坦，不得有坑凹。

（三）测试方法

受试者两脚自然分开站立，站在起跳线后，脚尖不得踩线（最好用线绳做起跳线）。两脚原地同时起跳，不得有垫步或连跳动作。丈量起跳线后缘至最近着地点后缘的垂直距离。每人试跳 1 次。记录以厘米为单位，不计小数。

六、坐位体前屈

（一）测试目的

测试学生在静止状态下的腰、髋等部位可能达到的活动幅度，这些部位关节韧带和肌肉的伸展性和弹性，以及学生身体柔韧素质的发展水平。

（二）场地器材

坐位体前屈测试仪。将仪器放置在平坦地面上。测试前用直尺进行校正，即将直尺放在平台上，使游标的上面与平台成水平，将游标的刻度调到 0 位。

（三）测试方法

受试者两腿伸直，两脚平蹬测试纵板坐在平地上，两脚分开 10~15 厘米，上体前屈，两臂伸直向前，用两手中指尖逐渐向前推动游标，直到不能前推。测试仪的脚蹬纵板内沿平面为 0 点，向内为负值，向前为正值。记录以厘米为单位，保留一位小数。测试 2 次，取最好成绩。

七、800 米跑（女）或 1000 米跑（男）

（一）测试目的

测试学生耐力素质的发展水平，特别是心血管呼吸系统的机能及肌肉耐力。

（二）场地器材

400 米、300 米或 200 米田径场跑道，地质不限。也可以使用其他不规则场地，但必须丈量准确，地面平坦。发令旗 1 面，秒表若干块。秒表使用前需要校正，要求同 50 米跑。

（三）测试方法

受试者至少 2 人 1 组测试，采用站立式起跑。受试者听到“跑”的口令后开始起跑。发令员在发出口令的同时要摆动发令旗。计时员视旗动开表计时，当受试者的躯干部到达终点线垂直面时停表。以分·秒为单位记录测试成绩，不计小数。

八、引体向上（男）

（一）测试目的

测试学生上肢肌肉力量的发展水平。

（二）场地器材

高单杠或高横杠，杠粗以手能握住为准。

（三）测试方法

受试者跳起双手正握杠，两手与肩同宽成直臂悬垂，静止后，两臂同时用力引体

（身体不能有附加动作），上拉到下颌超过横杠上缘为完成 1 次。记录引体次数。

九、1 分钟仰卧起坐（女）

（一）测试目的

测试学生腹肌耐力的发展水平。

（二）场地器材

垫子若干块（或代用品），并铺放平坦。秒表若干块。秒表使用前需要校正，需要同 50 米跑。

（三）测试方法

受试者全身仰卧于垫上，两腿稍分开，屈膝成 90° 左右，两手手指交叉贴于脑后。另一同伴压住其踝关节，以便固定下肢。受试者起坐时两肘触及或超过双膝为完成 1 次。仰卧时两肩胛必须触垫。测试人员发出“开始”口令的同时开表计时，记录 1 分钟内完成次数。1 分钟到时，受试者虽已坐起但未达到双膝者不计次数，记录精确到个位。

思政课堂

第一届中国体育运动与健康大会在京召开

5 月 27 日，第一届中国体育运动与健康大会在京召开，国家卫生健康委、国家体育总局有关领导出席开幕式并致辞。

国家卫生健康委有关领导在讲话中指出，时代的要求和人民的期盼是推动体育和卫生健康两个领域同道相向而行的重要力量，中华预防医学会要与体育系统的同道们一起深入合作，共同探索体医融合的实践路径。

国家体育总局有关领导在致辞中强调，全民健身与全民健康深度融合是建设体育强国的重要途径，希望以本次大会为契机，促进体育与医学领域的跨学科交流，进一步推进体医融合理论、科技和实践创新，着力破解科学健身、运动损伤与康复等领域的瓶颈问题，推动人民身体素质和健康水平实现跃升。

大会以“体医融合，健康运动”为主题。在大会主报告环节，中国工程院钟南山院士以《体医融合健康运动，健康工作 50 年》为题发表了视频讲话，中国工程院、中国科学院、国家卫生健康委、首都体育学院的 7 名专家分享了精彩的学术报告。

（资料来源：《中国体育报》，2023 年 5 月 29 日，有改动）

考核测评

简述各指标的测试方法

<table>
<tr><td>姓名：</td><td>院（系）：</td><td>学号：</td><td>日期：</td></tr>
<tr><td colspan="4"></td></tr>
<tr><td colspan="4">得分：</td></tr>
<tr><td colspan="3">体育教师签字：</td><td>日期：</td></tr>
</table>

下篇　实践篇

第六章　田径运动

田径运动由走、跑、跳跃、投掷和全能项目组成，是体现人体运动能力的代表项目。通常，人们把以时间计算成绩的走、跑等项目叫径赛，把以高度或距离计算成绩的跳跃、投掷等项目叫田赛，由跑、跳跃、投掷的部分项目组成的比赛项目称为全能运动。

第一节　跑

跑是田径运动中的径赛项目，分为短跑，中、长跑，跨栏跑，马拉松等。本节仅介绍短跑，中、长跑，跨栏跑。

一、短跑

（一）短跑简介

短跑是一种用最快速度跑完全程的赛跑。在短跑中，人体的运动器官和内脏器官在大量缺氧的状态下完成大强度的工作。短跑属于极限强度的运动，是发展快速奔跑能力的一种有效手段。短跑是田径运动的基础项目，正式比赛的项目有男（女）100 米跑、200 米跑、400 米跑等。

（二）短跑的基本技术

1. 100 米跑

100 米跑是由起跑和起跑后的加速跑、途中跑、终点跑 3 个紧密联系的技术环节组成的。

（1）起跑和起跑后的加速跑。起跑和起跑后的加速跑的主要任务是使身体迅速摆脱静止状态，获得最大的起动初速度和向前的冲力，尽快地提升速度并转入途中跑。100

米跑采用的是蹲踞式起跑。蹲踞式起跑姿势见图 6–1–1。

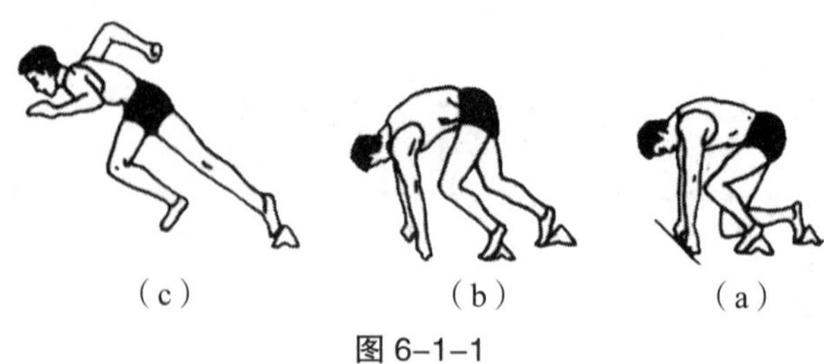

图 6–1–1

（2）途中跑。途中跑是 100 米跑中距离最长的一段，也是 100 米跑技术中最主要的环节。其任务是继续提升和保持高速度。途中跑动作见图 6–1–2。

图 6–1–2

（3）终点跑。终点跑是 100 米跑的最后一段。其任务是尽力保持途中跑的高速度通过终点。

2. 200 **米跑和** 400 **米跑**

200 米跑和 400 米跑有一半以上的距离是在弯道上进行的，弯道跑与直道跑的技术有所区别。

（1）弯道起跑和起跑后的加速跑。200 米跑和 400 米跑采用的也是蹲踞式起跑。弯道起跑后，前几步应沿着内侧分道线的切线跑进。加速跑的距离适当缩短，上体抬起较早。在进入弯道时，应尽可能地沿着跑道内侧跑，身体及时向内侧倾斜。

（2）弯道跑。运动员进入弯道时，身体应有意识地向内倾斜，加大右侧腿和手臂的摆动力量和幅度，身体应向圆心方向倾斜。后蹬时，右脚用前脚掌的内侧蹬地，左脚用前脚掌的外侧蹬地。两腿摆动时，右腿膝关节稍向内摆动，左腿膝关节稍向外摆动。两臂摆动时，右臂前摆稍向左前方，后摆时肘关节稍偏向右后方；左臂稍离躯干做前后摆动。弯道跑的两腿蹬地方向、摆动方向都应与身体向圆心方向的倾斜相协调。

（3）直道跑和终点跑。从弯道跑进直道跑时，身体应在弯道最后几步，逐渐减小内倾角度，自然地跑几步，然后进行调整，按直道的途中跑技术跑进。接近终点时运用直

道的终点跑技术。

二、中、长跑

（一）中、长跑简介

中、长跑是耐力型运动项目。其正式比赛的项目如下。中跑：男（女）800 米跑、1500 米跑；长跑：男子 5000 米跑、10 000 米跑、3000 米障碍赛、马拉松，女子 3000 米跑、5000 米跑、10 000 米跑、3000 米障碍赛、马拉松。

中、长跑既要跑出一定的速度，又要跑得持久。其特点是需要人体肌肉和内脏器官长时间连续地工作。中、长跑是提升持续奔跑能力、提高心血管系统和呼吸系统机能的有效手段。

（二）中、长跑的基本技术

中、长跑的基本技术环节也包括起跑、起跑后的加速跑、途中跑和终点跑。

1. 起跑

中跑多采用半蹲式或站立式起跑，长跑一般采用站立式起跑。

（1）半蹲式起跑。两脚前后开立，一只手虎口向前呈“八”字形撑于起跑线后，另一侧手臂置于体侧后方。体重主要落在前脚和支撑手上。鸣枪后，前脚积极蹬地，两臂前后摆动，后脚迅速向前摆出。

（2）站立式起跑。两脚前后站立，上体前倾，重心落于前脚，后脚用前脚掌着地，两臂前后张开。鸣枪后，前脚蹬地，后腿积极前摆，两臂协调用力摆动，顺势向前跑出。

2. 起跑后的加速跑

利用起跑获得的向前冲力，积极迅速地向前跑出，力争在较短的时间内较快地发挥出最快速度。加速跑的距离，应根据项目、个人特点和战术需要而定。为能很好地跑完全程，应在跑的开始就注意有节奏地呼吸。

3. 途中跑

途中跑是中、长跑的主要部分，其技术结构与短跑基本相同。跑动中，上体基本保持正直、稍前倾。两肩下沉，两臂靠近躯干，上臂、前臂约成 90° 角，以肩为轴轻松快速有力地前后摆动。有力的后蹬和运动方向相符合，推动身体更快地前移动，蹬地角度一般为 55° 左右。脚的落地一般有两种：一种是用脚前掌或前脚掌外侧着地（适合于中跑）；另一种是用脚后跟外侧着地，向前滚动至前脚掌外侧着地（适用于长跑）。

4. 弯道跑

中、长跑弯道跑时，身体需要适当向左倾斜，跑速越快向左倾斜的程度越大。摆臂时，右臂向前摆的幅度稍大，前摆时稍向内，左臂后摆幅度稍大。摆动腿前摆时，右膝前摆应稍向内扣，左膝前摆稍向外展。脚着地时，右腿用前脚掌内侧着地，左腿用前掌外侧着地。弯道跑时，应靠近跑道的内沿，以免多跑距离。超越对手最好不要在弯道上进行。

5. 终点跑

终点跑是指临近终点前最后一段距离的加速跑，应以顽强的意志品质全力以赴，加快摆臂和加强后蹬冲向终点。动作要求基本上和短跑相同。终点跑，摆臂要加快和用力，加强腿的后蹬与前摆。终点跑距离的长短，应根据个人余力、场上情况和战术要求而定。

三、跨栏跑

（一）跨栏跑简介

跨栏跑是田径运动中技术性较强、难度较大的径赛项目。其正式比赛的项目有男子110米栏、女子100米栏、男（女）400米栏。跨栏跑是途中设有固定数量、固定距离、固定高度栏架的短跑项目。

（二）跨栏跑的基本技术

跨栏跑由起跑和第一栏前的加速跑、跨栏步、栏间跑和终点跑4个技术环节组成。

男、女各个项目所跨越的栏数都是10个，栏的高度不同，但其跨越技术大致相同，都是用跨栏步和栏间跑动作完成跨栏。

第二节　跳跃

跳跃是田径运动中的田赛项目，有跳高、跳远、三级跳远和撑竿跳高4个项目。本节仅介绍跳高与跳远项目。

一、跳高

（一）跳高简介

跳高是田径运动的田赛比赛项目之一，是人体通过助跑、起跳、腾空、落地系列动作形式跳越高度障碍的运动。随着技术的不断发展，跳高姿势已从跨越式、剪式、滚式、俯卧式发展到现在主要采用的背越式。

（二）跳高的基本技术

跳高由助跑、起跳、过杆和落地4个技术环节组成。起跳必须用单脚起跳。下面介绍背越式跳高的基本技术。

1. **助跑**

助跑分直线助跑和弧线助跑 2 个阶段。

（1）直线助跑一般为 4~5 步，两腿后蹬和前摆的幅度较大，身体重心较高，动作轻松、自然、有弹性。

（2）弧线助跑一般为 4~5 步，助跑时身体略向圆心倾斜，脚落地时由脚跟过渡到前脚掌，摆臂与弯道跑相似。倒数第二步步幅稍大，用全脚掌着地；最后一步步幅稍小，速度较快，准备起跳。

2. **起跳**

（1）以远离横杆的腿为起跳腿，向身体对侧迈出；踏上起跳点，以脚跟外侧着地，迅速过渡到全脚掌；屈膝缓冲，身体向起跳腿一侧倾斜。

（2）摆动腿大腿积极向前上方摆至水平位置，小腿自然下垂，身体转为正直。

（3）摆动腿屈膝内扣，向异侧肩上方摆动，并带动髋部向内转动，起跳腿迅速蹬伸髋、膝、踝关节，完成起跳动作。

3. **过杆和落地**

（1）保持起跳腿蹬伸，躯干充分伸展；上体转动成背对横杆，起跳腿自然下垂。

（2）当头和肩越过横杆后，迅速沉肩，两臂置于体侧，髋关节向上挺起，形成“背弓”；两膝自然弯曲，小腿自然下垂。

（3）当髋关节过杆后，大腿向上摆动，小腿上踢，使整个身体过杆。

（4）两肩继续下潜，含胸收腹，自然下落，以肩部领先着垫。

二、跳远

（一）跳远简介

跳远又称“急行跳远”，是在助跑道上沿直线助跑，在跑进中用单脚起跳腾空，最后双脚落入沙坑的田径运动项目。比赛时，以跳的远度决定名次。男子跳远在 1896 年第 1 届奥运会上被列为正式比赛项目，女子跳远在 1948 年第 14 届奥运会上被列为正式比赛项目。

（二）跳远的基本技术

跳远由助跑、起跳、腾空和落地 4 个技术环节组成。

1. **助跑**

优秀运动员跳远助跑距离一般为男子 35~45 米（跑 18~24 步）、女子 30~35 米（跑 16~22 步）。

（1）原地站立或行进中起动开始助跑。上体前倾，大腿积极摆动，后蹬充分，摆臂有力。

（2）助跑途中上体逐渐抬起，腿和手臂加速用力摆动，加快助跑速度，重心较高，身体平稳，节奏性强。

（3）助跑步频加快，保持较高的身体重心和较快的助跑速度，准备起跳。

2. 起跳

起跳动作是从助跑最后一步摆动腿后蹬开始，至起跳腿蹬离地面结束。①助跑最后一步，摆动腿用力蹬地，使身体尽快向起跳板方向运动。起跳腿快速前摆，大腿积极下压，踏上起跳板，由脚跟过渡到全脚掌着地。②起跳腿着地瞬间，髋、膝、踝关节被迫弯曲缓冲；同时，身体重心前移，起跳腿快速用力蹬伸，摆动腿大腿积极向前上方摆至水平位置，小腿自然下垂。③起跳腿同侧臂屈肘向身体前上方摆动，异侧臂屈肘向体侧摆动，提肩、拔腰，向上顶头。

3. 腾空

（1）起跳腿蹬离地面后，上体正直，摆动腿保持起跳时的水平姿势，小腿自然下垂，起跳腿自然弯曲留在体后，形成空中的跨步飞行。

（2）腾空的姿势分为蹲踞式、挺身式、走步式。

蹲踞式：接近腾空最高点时，起跳腿屈膝上提，与摆动腿并拢；两腿屈膝，大腿靠近胸部，上体稍前倾；两臂由前向下、向后摆动；落地前，两小腿向前伸出，准备落地。（图 6–2–1）

图 6–2–1

挺身式：腾空后，摆动腿自然放下，小腿向后下方做弧形摆动；两臂向下，经体侧向后上方摆动；摆动腿与起跳腿并拢，髋部向前，胸、腰前挺，头、肩后展，成挺身展体姿势；落地前，两臂由后上方经体前向后摆动；同时两大腿上抬，收腹举腿，上体前倾，小腿前伸，准备落地。（图 6–2–2）

图 6–2–2

走步式：走步式有两步半和三步半 2 种方式。它是由运动员的腾空高度、滞空时间、动作速度和协调性来决定的。腾空步后摆动腿下落，继续向后运动，同时展髋，起跳腿

屈膝前摆，在空中完成一个自然的换步动作，形成起跳腿在前、摆动腿在后的空中“跨步”动作（图 6–2–3）。换步时，要注意保持跑的自然动作，摆动腿由屈到直向后摆动，起跳腿由直变屈，以大腿带动小腿向前摆动，摆动的动作幅度要大。完成 1 次换步接着做落地动作的叫两步半走步式；完成 2 次换步再做落地动作的叫三步半走步式。

图 6–2–3

4. 落地

① 无论采用哪种腾空姿势，小腿都要尽力前伸，脚跟首先触地，前脚掌下压，两腿迅速屈膝缓冲。②两臂屈肘前摆，身体向前或向侧方倒。

第三节　投掷

投掷是田径运动中的田赛项目，有推铅球、掷铁饼、掷标枪和掷链球 4 个运动项目。按投掷运动动作技术的结构特点，推铅球、掷铁饼属于非周期性动作系结构，而掷标枪、掷链球则属于混合性动作系结构。本节仅介绍推铅球和掷标枪项目。

一、推铅球

推铅球的完整技术由握球与持球、预备动作、滑步、最后用力、维持平衡 5 个部分组成。正式比赛男子铅球重量为 7.26 千克、女子为 4 千克。推铅球技术由最古老的站立姿势发展到侧向滑步、背向滑步和旋转推铅球技术。下面只介绍背向滑步推铅球技术，以右手投掷为例。

（一）握球与持球

右手五指自然分开，把铅球放在食指、中指和无名指的指根处，拇指和小指自然扶在铅球的两侧，起稳固铅球的作用。握好球后把铅球放在右侧锁骨外端，贴住颈右侧，掌心向内，掌心所指方向与身体平行，右臂屈肘，从正面看右上臂与躯干的夹角约成直角，也可以使右肘略低些，夹角也小些。从侧面看，右肘与身体处在同一平面，不宜过前或过后。（图 6–3–1）

图 6–3–1

（二）预备动作

图 6-3-2

右脚背对投掷方向站立，身体重心落在右脚全脚掌上，右腿直立。左脚在右脚后方 20~30 厘米处，以脚尖点地，左腿微屈，帮助维持身体平衡。身体站立姿势端正，肩横轴和髋横轴与地面平行，与投掷方向垂直。颈部正直，头不要侧屈或扭转，眼睛看前下方几米处，左臂向身体前上方或正前方自然伸出。（图 6-3-2）。

（三）滑步

滑步开始时，运动员的身体重心应尽量水平地向投掷方向快速运动，左腿以大腿带动小腿的形式向抵趾板方向踹出，左脚尽量沿地面滑动，左脚背朝下，当左脚经过投掷圈直径约 3/4 距离时有个外翻动作，左脚最后落在抵趾板中间略偏左处，左脚的纵轴与投掷方向构成 90°~ 100° 角。左腿踹出后，在侧面看整个身体从左脚到左肩成一直线。配合左腿的动作，右腿有个蹬伸动作，身体重心由右脚前脚掌过渡到脚跟，右脚的动作似一滚动动作，滑步过程中右膝不要伸直，两腿的夹角要大，髋部动作要伸展，然后右小腿迅速内收，右脚稍内扣，落在圆心附近，右脚纵轴与投掷反方向夹角为 20°~ 45°（或大于 45°）。滑步过程中身体重心的移动要尽量平稳，努力做到沿地面平行运动。

（四）最后用力

右腿快速蹬地，顺势转身，右手保持好持球的姿势，充分打开胸部；左腿有力支撑，并顶起身体，身体成侧弓形，身体肌肉处于紧张发力状态；腿与躯干快速蹬伸，注意发力顺序，肩与头不要过早转动；出手时屈腕拨铅球，注意出手高度。

（五）维持平衡

铅球出手后，交换双脚位置。降低重心，缓解向前的冲力。

二、掷标枪（以右手投掷为例）

掷标枪的技术比较复杂，但从基本理论、基本技术来看，其仍和其他投掷项目类似，主要包括握枪、持枪、助跑、最后用力、维持平衡阶段。

（一）握枪

标枪常用的握法主要有以下 2 种。

（1）普通式握法（拇指和食指握法）。右手拇指、食 指握在缠绳把手末端边沿，其余手指顺着食指方向握在 缠绳把手上。

（2）现代式握法（拇指和中指握法）。将标枪斜放在右手掌心上，拇指和中指握在缠绳把手末端边沿，食指自然弯曲斜放在枪身上，无名指和小指自然地握在缠绳把手上。

无论采取哪种握法，都必须符合以下技术要求：应有利于助跑与投掷，偏于控制器械；应有利于充分利用投掷臂的长度和手腕、手指的力量；应有利于肩、臂、手腕和手指等参与运动部位的适当放松。

（二）持枪

正确的持枪技术应有利于持枪助跑和提升速度，有利于引枪并控制标枪的位置和角度并保持肩部和持枪臂放松。

持枪有多种方式，如肩上持枪法、腰间持枪法等。还有一种方式是持枪助跑前半段采用腰间持枪，后半段变换成肩上持枪，到投掷步时再引枪。这样做既有利于前半程提升速度，又便于后半程引枪和控制标枪。因此，许多运动员都喜欢采用这种综合方式持枪助跑。

（三）助跑

掷标枪的助跑的作用如同推铅球的滑步、掷铁饼的旋转一样，能使器械获得预先速度，并有利于控制好标枪的位置，为引枪和超越器械创造良好的条件。

掷标枪的助跑由 2 个阶段组成：第一个阶段是预跑阶段，也就是持枪跑；第二个阶段是掷标枪特殊的助跑——投掷步阶段（图 6–3–3）。

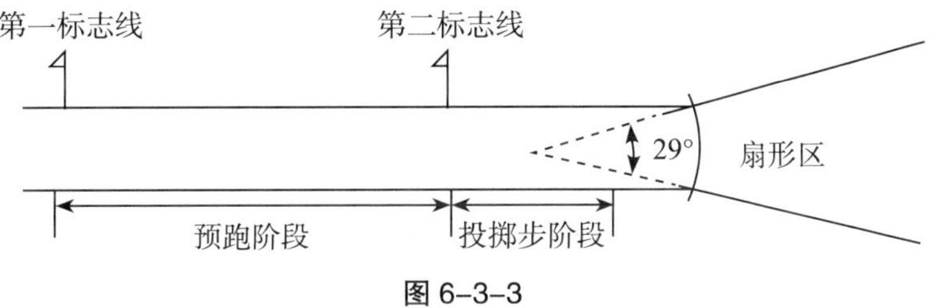

图 6–3–3

1. 预跑阶段

掷标枪的助跑距离一般为 25~35 米。从第一标志线到第二标志线 10~20 米的距离作为预跑阶段，通常跑 8~14 步。

预跑阶段时，投掷臂持枪，上体稍前倾，用前脚掌着地；高抬大腿，蹬伸动作有力，动作轻快而富有弹性，并且助跑的节奏性要强；持枪臂和另一臂要与两腿动作协调配合；两眼平视，头部自然抬起。

预跑阶段的助跑应是逐渐加速的，助跑的步长要稳定。助跑阶段也要进行控制，以便于完成投掷步和最后用力为前提。尤其对初学者来说，预跑阶段的助跑速度更要控制。随着技术熟练程度的提高，可逐步提高助跑的速度。

2. 投掷步阶段

投掷步是从第二标志线开始，到投掷弧这一段距离内的助跑，实际上是从预跑加速过渡到最后用力直至标枪出手这一系列的动作阶段。

投掷步的任务是通过特殊的助跑技术，使下肢动作加快，在快速向前运动中完成引枪，并且通过投掷步形成身体超越器械，为最后用力和出手创造良好条件。

投掷步有 2 种形式：一种是跳跃式的投掷步，另一种是跑步式的投掷步。投掷步通常跑 4~6 步，男子为 9~15 米，女子为 8~13 米。

（四）最后用力

由于标枪的出手速度是助跑速度和投枪速度的合速度，为了提高助跑速度的利用率，现代掷标枪技术越来越重视助跑与最后用力的衔接动作。为了做好衔接动作，运动员在做投掷步时身体不应腾空过高，在右脚着地后，应及时发力，左脚主动快落，并做好制动和支撑用力动作。

（五）维持平衡

标枪出手后，维持身体平衡是全过程的结束动作。标枪出手后应及时制动，身体左转，维持平衡向前跨出 1~2 步，同时降低身体重心，以维持身体平衡。为了保证最后用力时运动员可以大胆向前做动作而又不犯规，最后一步左脚落地点至投掷弧的距离应为 1.5~2.0 米。

第四节　发展跑、跳跃、投掷能力的练习

一、发展跑能力的练习

（一）速度练习

目的：速度对于短跑来说最关键。要想提高短跑成绩，就要把发展跑的绝对速度放在首位。只有在提高速度的基础上进而提高耐力，方能有效地提高跑的成绩。在发展速度的过程中，除了提高肌肉力量，改进柔韧性、协调性外，还要加大强度和密度。在运动员精力充沛的时候练习速度方能收到良好的效果。

练习方法：①原地快速摆臂；②原地快速跑；③ 30~60 米加速跑；④专门性练习过渡到 30~50 米快速跑。

（二）速度耐力练习

目的：速度耐力是连续快跑的能力。从短跑项目成绩提高幅度看，在绝对速度达到一定水平之后，取得进展的关键在于跑的后程。在 100 米前 50~60 米中提高 0.1 秒是不容易的，而保持已获得的速度能力较前者相对容易。同时，强度、密度大的专门练习和短跑距离的速度练习不仅可以提高速度，而且还能发展速度耐力。

练习方法：① 100~300 米反复跑；② 150~250 米变速跑；③ 400~800 米各种距离和各种形式的变速跑（如 100 米快 +100 米慢……，直弯道交替，上下弯道交替）；④ 100 米、200 米、300 米、400 米反复跑。

（三）力量练习

目的：短跑是快速的周期性运动，速度的提高要有很好的力量基础，特别是腿部力量。没有快速力量就无法将人体迅速向前推进，就不会有好的短跑成绩，因此提高速度和力量的综合能力是提高短跑成绩的重要手段。

练习方法：① 各种跳跃：双脚纵跳、单脚交替纵跳、立定跳远、立定三级跳、多级跳、短程跳远、蛙跳、栏间跳、摸高跳、跳上跳下、单脚跳（在沙坑或跑道练习均可）、原地弓步换腿跳等；② 实心球练习：向前抛，向前掷，向后抛，双脚夹球向前、向上、向后抛等；③ 持轻杠铃练习：快速连续挺举、抓举，纵跳、弓步跳，弓箭步走（可徒手做），深（半）蹲起跳、提踵，原地高抬腿跑，卧推等；④ 仰卧起坐、仰卧举腿、仰卧两头起等。

（四）柔韧练习

目的：具有良好的柔韧素质，有助于掌握正确的短跑技术，增大步幅，使动作协调、轻松、省力，不易受伤。

练习方法：①踢腿、摆腿、压腿；②拉韧带；③腰腹屈伸，如做弓腰搭“桥”；④进行肋木的各种练习。

二、发展跳跃能力的练习

（一）立定跳

1. 立定跳远

两脚平行开立站在起跳线后；屈膝半蹲，两臂自然摆动，身体上下屈伸；待重心平稳后，两脚用力蹬地；同时两臂由后向前摆，身体尽量前送；腾空时收腿，落地时屈膝缓冲。

2. 纵跳摸高

由原地向上用力跃起，用手摸高处的标记或实物。

3. 蹲跳起

由半蹲或全蹲位置向上跳起，腾空时要伸直腿。

4. 弓箭步交换跳

由弓箭步姿势开始，跳起后两腿交换位置。

（二）连续跳

1. 单脚跳

一脚抬起，另一脚用前脚掌快速蹬地跳起，上体正直。两脚交换练习。

2. 跨步跳或多级跳

摆动腿用力前摆成大腿抬平小腿下垂，当摆动腿下压时有扒地动作。另一条腿充分蹬伸，脚用力向后蹬地。上体正直，两臂协调配合摆动。两脚交换向前跨进，腾空明显。

3. 蛙跳

连续做立定跳远。

4. 跳台阶

面向台阶，做跨步跳或单脚跳、双脚蹬跳动作。跳动时上体正直，两臂协调配合摆动。

（三）跳绳

跳绳练习主要采用单人跳、双人跳和集体跳等方式。

三、发展投掷能力的练习

（一）上肢力量练习

1. 俯卧撑

从直臂俯撑开始，屈臂，使肘部高于背（两肘不外张），然后快速用力推起，还原成直臂俯撑。全过程保持身体挺直、不塌腰。

2. 引体向上

两手正握单杠，两手间距同肩宽成直臂悬垂。两臂同时用力引体（身体不能有附加动作）上拉到下颌超过横杠上缘为完成 1 次。

3. 双杠臂屈伸

两手握双杠一端，跳上成支撑，然后两臂尽量弯曲，使端面达到胸部位置，然后两臂用力迅速伸直成支撑。臂屈伸时身体不能做大摆动。

4. 哑铃练习

手持哑铃，两臂向各方向做屈、伸、举、振等动作。

（二）腰腹力量练习

1. 仰卧起坐

仰卧于垫上，两腿屈膝稍分开，大小腿成直角，两手手指交叉贴于脑后。帮助者压住练习者两腿踝关节处。起坐时以双肘触及两膝，仰卧时两肩必须触垫。

2. 仰卧两头起

仰卧，两臂上举，收腹，上体前屈，同时举腿。两手拍击脚面后还原成仰卧姿势。

3. 俯卧两头起

俯卧，两臂上举，上体后屈抬头，同时后举腿，达到最大体后屈后还原成俯卧姿势。

（三）下肢力量练习

1. 杠铃硬拉

腰背收紧，屈膝、屈髋之后两手握杠铃，再伸膝、伸髋将杠铃拉起。整个过程中上

半身前倾幅度由大到小。

2. **负重蹲跳**

两手各持一轻哑铃，稍蹲之后跳起，注意落地缓冲。

思政课堂

获田径男子 100 米铜牌——陈冠锋期待站上最高领奖台

8 月 2 日，成都大运会男子 100 米决赛在双流体育中心体育场举行。中国选手陈冠锋以 10 秒 17 的成绩夺得男子 100 米铜牌。金牌归属牙买加选手古尔德森。另一名中国选手邓智舰以 10 秒 28 的成绩获得第八名。

来自上海体育大学的陈冠锋出生于2000年，和中国短跑名将苏炳添同为广东人。2017 年，17 岁的陈冠锋开始在广州体育职业技术学院接受专业训练。2019 年 8 月，陈冠锋跟随广东队获 2019 年全国田径冠军赛暨大奖赛男子 4×100 米跑冠军。2021 年，他在全国锦标赛上发挥出色，以 10 秒 06 的成绩夺冠，成为中国“00 后”百米跑第一人，被外界看好为苏炳添的“接班人”。

2022 年，陈冠锋加入苏炳添的冠军团队，也让他的技术进一步提高。他说，两年前跑出 10 秒 06 的个人最好成绩，“从那时发现，自己的技术上存在不足，必须要改掉以往的一些毛病，去年就加入了苏教授的团队”。陈冠锋坦言，进入苏炳添团队后在技术上进行了改善，节奏也有变化，“今天比赛整体前面都处理得很好，只是后面有些掉速，毕竟正在改善技术”。

这个赛季陈冠锋比赛很多，3 月在天津的全国室内田径锦标赛上，他以 6 秒 55 的成绩创造了该赛季亚洲男选手 60 米跑最佳战绩；6 月，2023 年全国田径冠军赛暨世锦赛及亚运会选拔赛上，他以 10 秒 21 的成绩获得第三名，刷新了个人赛季的最好成绩；8 月 2 日，在成都大运会上，他以 10 秒 16 在半决赛中夺得小组第一，跑出今年个人最好成绩。

在小组赛晋级后，苏炳添通过视频向陈冠锋送来祝福，也给他带来了更大的鼓励。“很荣幸，苏教授给我发来视频。没想到他偷偷录了一个给我加油的视频，很感动。”陈冠锋说。

决赛过后，陈冠锋表示：“前辈们的努力给了我们很好的榜样，我们年轻运动员都在向他们学习，努力站上最高领奖台。”

（资料来源：《中国体育报》，2023 年 8 月 3 日，有改动）

考核测评

简述短跑的基本技术

姓名：	院（系）：	学号：	日期：
得分：			
体育教师签字：			日期：

第七章　球类运动

第一节　篮球运动

一、篮球运动概述

现代篮球运动是 1891 年由美国马萨诸塞州体育教师詹姆斯·奈史密斯发明的。1932 年，国际篮球联合会成立。1936 年第 11 届奥运会首次将男子篮球列为奥运会正式比赛项目。1976 年第 21 届奥运会首次将女子篮球列为奥运会正式比赛项目。

1956 年中国篮球协会成立。中国男篮于 1996 年第 26 届奥运会、2004 年第 28 届奥运会、2008 年第 29 届奥运会上夺得第 8 名。中国女篮于 1992 年第 25 届奥运会夺得亚军，于 1994 年第 12 届世界篮球锦标赛上夺得亚军，于 2022 年女篮世界杯夺得亚军。

篮球运动是一项具有集体性、综合性特点的立体型攻守对抗的项目。现代篮球运动已经逐步发展成为一项受大众欢迎的国际性竞技体育运动项目。其竞赛活动过程充分显示出人类生命所具有的活力和自强不息的奋斗精神。

二、篮球运动基本技术

（一）移动

移动是篮球技术的基础，包括起动、跑、跳、急停、转身、跨步、滑步等。

1. 起动

起动是队员在球场上由静止状态变为运动状态的一种起始的动作，是获得位移初速度的方法。从基本站立姿势开始，起动时，身体重心向跑动方向移动，后脚（向前起动）或异侧脚（向侧起动）的前脚掌内侧突然有力地蹬地，同时上体迅速地前倾或侧转，手臂协调地摆动，充分利用蹬地的反作用力，迅速向跑动方向迈步。

2. 跑

跑既是队员在球场上改变位置、发挥速度的重要方法，也是比赛中运用较多的一种移动动作。篮球比赛中经常运用的跑主要有变速跑、变向跑、侧身跑。变速跑是队员跑动中利用速度的变换来争取主动的一种方法。

3. 跳

跳是队员在球场上争取高度的一种动作方法。篮球比赛中的很多技术动作需要队员在空中完成。因此，队员要会单、双脚起跳，能在原地、跑动中和对抗条件下向不同方向跳、连续跳等，并要求跳得快、跳得高，滞空时间长，以便更好地在空中完成各种攻守动作。

4. 急停

急停动作有以下 2 种方式。

跨步急停（两步急停）：队员在快速跑动中急停时，先向前跨出一大步，用脚跟先着地然后过渡到全脚掌抵住地面，并迅速屈膝，同时身体微向后仰，后移重心。然后，再跨出第二步，脚着地时，脚尖稍向内转，用前脚掌内侧蹬住地面。两膝弯曲，身体稍有侧转，微向前倾，重心移至两脚之间，两臂屈肘时自然张开，保持身体平衡。

跳步急停（一步急停）：队员在中、慢速跑动中急停时，用单脚或双脚起跳（一般离地面不高），上体稍后仰，两脚同时平行落地。落地时全脚掌着地，用前脚掌内侧蹬住地面，两膝弯曲，两臂屈肘微张，保持身体平衡。

5. 转身

转身是队员以一脚蹬地向前或向后跨出的同时，另一脚做中枢脚进行旋转而改变身体方向的一种动作方法。转身可分为前转身和后转身。

前转身：移动脚蹬地，在中枢脚前方（身前）进行弧形移动的转身叫前转身。

后转身：移动脚蹬地，在中枢脚后方（身后）进行弧形移动的转身叫后转身。

6. 跨步

跨步是一种起步的动作方法。跨步的动作方法是以一只脚为中枢脚，另一只脚向前或向侧方跨出，以便衔接其他动作。

7. 滑步

在篮球比赛中，滑步用于抢占和堵截进攻球员的线路和位置，是防守移动的一种主要步法。滑步分为侧滑步、前滑步和后滑步 3 种。

（二）传球

传球技术是篮球运动中重要的进攻基本技术之一。一次成功的进攻往往要经过多次准确、及时的传球，从而创造出攻击时机。

传球

1. 双手胸前传球

双手胸前传球是篮球比赛中较基本、常用的传球方法。用这种方法传出的球迅速有力，可在不同方向、不同距离中使用，而且便于和投篮、突破等动作结合运用。

两手手指自然分开，拇指相对成“八”字形，用指根以上部位持球，掌心空出。两肘自然弯曲于体侧，将球置于胸腹之间，身体成基本站立姿势。传球时，前臂在后脚蹬地、身体重心前移的同时迅速向传球方向伸出，拇指用力下压，手腕前屈，食指、中指

用力拨球将球传出。球出手后身体迅速调整成基本站立姿势。（图 7–1–1）

图 7–1–1

2. **单手肩上传球**

传球时（以右手传球为例），左脚向传球方向迈出半步，右手托球，同时将球引到右肩上方，肘部外展，上臂与地面近似平行，手腕后仰。左肩对着传球方向，重心落在右脚上，右脚蹬地，转体，前臂迅速向前挥摆，手腕前屈，通过食指、中指拨球将球传出。球出手后，右脚随着身体重心前移而向前迈出半步，保持基本站立姿势。（图 7–1–2）

图 7–1–2

（三）接球

接球有双手接球和单手接球 2 种方式。

接球

1. **双手接球**

双手接球时，目视来球，两臂伸出迎球。手指自然分开，两拇指成“八”字形，手指向前上方，两手成一个半圆形。当手指触球后，两臂顺势后引缓冲来球的力量，两手握球于胸腹之间。保持身体平衡，做好传球、投篮或突破的准备。

2. 单手接球

如用右手接球，则右脚向来球方向迈出，目视来球。接球时，手掌成勺形，手指自然分开，右臂向来球的方向伸去。当手指触球后，右臂顺势后引缓冲来球力量，左手立即握球，两手握球于胸腹之间，保持基本持球姿势。

（四）运球

运球

运球是篮球技术中重要的基本技术，是组织全队进攻配合和突破防守的基础。

1. 低运球

低运球时，两腿应迅速弯曲，重心下降，上体前倾，球的落点在体侧，用上体和腿保护球。同时，用手腕和手指短促地按拍球的后上方，使球的反弹高度控制在膝关节高度以下。

2. 高运球

高运球时，两腿微屈，上体稍前倾，两眼平视。以肘关节为轴，前臂自然屈曲，用手腕、手指柔和而有力地按拍球的后上方。球的落点控制在运球的手臂的同侧脚的外侧前方，使球的反弹高度介于胸腹之间。

3. 体前变向换手运球（以右手运球为例）

当防守队员向左侧移动堵截运球时，运球队员突然按拍球的右后上方，使球经自己体前右侧反弹至左侧前方。同时，右脚向左前方跨出，上体向左转，侧肩挡住防守队员，然后换左手按拍球的后上部，左脚跨出并用力蹬地加速，从防守队员的右侧突破。

4. 运球急停急起

运球急停时，采用两步急停，使身体重心降低。手按拍球的前上部，使球停止向前运行。运球急起时，两脚用力后蹬，上体急剧前倾，迅速起动。同时，手按拍球的后上部，人、球同步快速前进。

（五）投篮

投篮

投篮是篮球比赛中唯一的得分手段，是一切进攻技战术的最终目的和全部攻守矛盾的焦点。

1. 原地单手肩上投篮

以右手投篮为例。两脚开立，右脚稍前，身体重心落在两脚中间。右臂屈肘，手腕后仰，掌心向上，五指自然张开。右手持球于右眼前上方，左手扶球侧，两膝微屈，上体放松并稍前倾，目视瞄篮点。投篮时下肢蹬伸，同时伸腰展腹，右臂抬肘，上伸前臂，手腕前屈，以指端拨球，最后通过食指、中指用力地将球投出。球离手后右臂应有自然跟进动作。（图 7–1–3）

2. 行进间单手肩上投篮

以右手投篮为例。跑动合球时，右脚向投篮方向跨出一大步，接着左脚向前跨出一小步，这一步稍小并用力起跳，右腿屈膝抬高。在左脚蹬地起跳的同时，双手迅速将球举至右上方，右手五指自然分开，掌心空出，手腕后屈托球，左手扶球作保护，肘下垂，眼睛注视篮筐。接着右手托球向上伸展，手指柔和地拨动球，手腕下压，将球投出。（图 7-1-4）

图 7-1-3

3. 行进间单手低手投篮

以右手投篮为例。当球在空中运行时，右脚向来球方向或投篮方向跨出一大步，同时接球。接着左脚向前跨出一小步，脚跟先着地，上体稍后仰，然后迅速过渡到前脚掌着地，并用力蹬地起跳。右腿屈膝上提，左脚蹬离地面，同时双手向前上方举球。腾空后，右臂向前上方伸展。投篮出手后，两脚同时落地，两腿弯曲，以缓冲落地的力量。

图 7-1-4

4. 跳起单手投篮

以右手投篮为例。双手持球于胸腹之间，两脚左右（或前后）开立。两膝微屈，身体重心落在两脚之间，上体放松，目视篮筐。起跳时两膝适当弯曲（两脚前后开立时也可上一步再做此动作），接着脚掌蹬地发力，伸腰展腹，向上迅速摆臂举球并起跳，双手举球于肩上或头上，左手扶球左侧。当身体升至最高点或接近最高点时，左手离球，右臂向前上方伸直，同时用爆发力屈腕、压指，使球通过指端投出。球离手后身体自然落地，屈膝缓冲，准备冲抢篮板球或回防。（图 7-1-5）

图 7–1–5

（六）抢篮板球

篮板球是攻守双方争夺的焦点，是攻守转换的关键。抢篮板球是获得球权的主要手段。

1. 抢进攻篮板球

在比赛中，防守队员处于进攻队员与篮筐之间的有利位置，在对方投篮出手后，首先应注意对方的动向，并根据当时与进攻队员所处的位置和距离的远近，运用上步、撤步和转身抢占有利位置，把进攻队员挡在身后，与此同时还要判断球的落点准备起跳。

2. 抢防守篮板球

在比赛中，当队友或自己投篮时，处在近篮的进攻队员首先应判断球的反弹方向，然后先向相反方向的侧前方跨步，利用身体的假动作，诱开身前的防守队员，挤到对方的前面或侧前方，抢占有利位置，借助跨步或助跑起跳，跳至最高点补篮或抢篮板球。

（七）防守

防守是防守队员合理地运用脚步移动和手臂动作积极地抢占有利位置，阻挠和破坏对手的进攻动作，并以争夺控球权为目的的行动。

1. 防守有球队员

进攻队员有球时对防守队员来说是有威胁的，因此，防守队员必须尽可能地去阻挠和影响有球队员的各种进攻技术的运用。

（1）位置、距离的选择。当对手接球后，必须迅速调整自己的位置和距离，在占据对手与球篮之间有利位置的基础上，还要与对手保持适当的距离。一般来说，离篮筐远则远，离篮筐近则近，并根据有球队员的特点（善投、善突等）、战术的需要进行调整。

（2）防守的动作。因为有球队员的特点、意图以及与篮筐的距离不同，所以防守队员在防守有球队员时的动作也有所不同，一般防守有球队员有 2 种方法。

① 平步防守：两脚取平行站立的防守姿势，两臂侧伸和挥摆。这种方法防守的面积大，便于左右滑动，对防突破比较有利。

② 斜步防守：两脚取前后站立的防守姿势，一只手上伸，另一只手侧伸进行阻挠。

这种防守方法便于前后移动，对防投篮比较有利。

不论采用哪种防守方法，都要积极移动。当有球队员运球或突破时，应阻截其移动路线，迫使其运向边角；当有球队员做假动作时，不要受其引诱而失去身体平衡。

（3）合理地运用抢、断球技术。在防守有球队员的过程中，始终要伺机抢、断有球队员的球，但要判断准确，动作突然快速。注意保持身体平衡，避免犯规。

2. 防守无球队员

防守无球队员要尽可能不让进攻队员在有效攻击区内接球，或使进攻队员接球后不能流畅地衔接下一个攻击动作。防守无球队员主要有防纵切、防横插、防溜底 3 种技术。

三、篮球运动基本战术

（一）进攻配合

1. 传切配合

传切配合是指进攻队员之间利用传球和切入技术组成的配合方法，主要包括一传一切和空切 2 种方式。

传切配合示例：④传球给⑤后做向左切入的假动作，然后变向从右侧切入篮下。⑤接球后回传给切入篮下的④。（图 7–1–6）

2. 掩护配合

掩护配合是指进攻队员以合理的行动，用身体挡住防守队员的通路，帮助同伴摆脱防守，创造接球和投篮机会的一种配合方法。

掩护配合示例：⑤传球给④，跑到④侧后方给④做掩护，待⑤做好掩护后，④及时向掩护的一侧突破切入篮下（图 7–1–7）

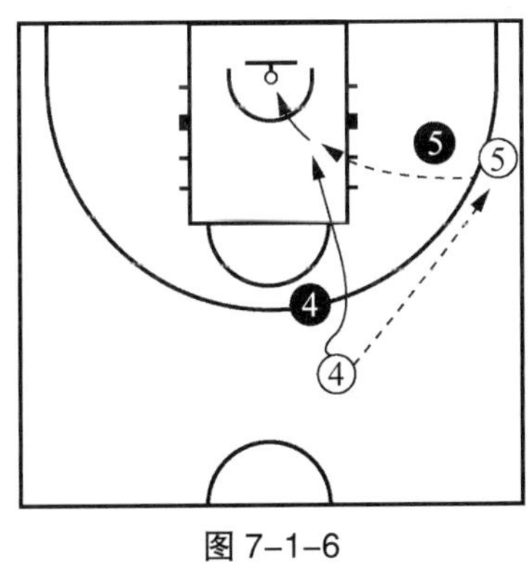

图 7–1–6

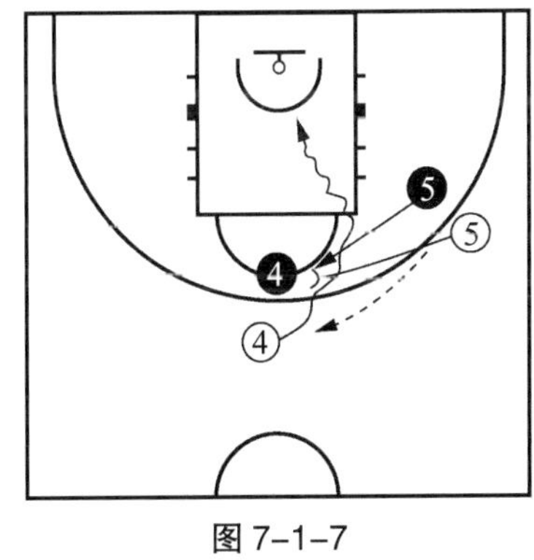

图 7–1–7

（二）防守配合

基本防守配合是指防守队员之间为了破坏对手的进攻配合，或当同伴出现防守困难时及时相互协作和帮助的配合方法，主要有关门配合、穿过配合、挤过配合、交换配合等方法。

1. **关门配合**

“关门”是邻近的2名防守队员协同防守持球突破队员的一种配合方法。

关门配合示例：①②③在外围相互传球，寻找机会从❶与❷或❷与❸之间突破。❶❷❸除了要防住自己的对手外，还要协助邻近的同伴进行“关门”，不让对方突破到篮下。当进攻队员突破不成把球传出时，“关门”的队员还应快速分开去防自己的对手。（图7-1-8）

2. **穿过配合**

当进攻队员进行掩护时，防守掩护者的队员要及时提醒同伴，当2个掩护配合的进攻队员交错时，防守掩护者的队员要主动后撤一步，让同伴能及时从中间穿过去，以便继续防守自己的对手。这种配合方法一般在对方无投篮威胁时采用。

3. **挤过配合**

对方采用掩护进攻时，防守队员为了破坏对方的掩护配合，当掩护队员临近的一刹那，被掩护者的防守队员主动靠近自己的对手，并从2名进攻队员之间侧身挤过去，继续防守自己的对手。

4. **交换配合**

交换配合是指破坏对手掩护时，防守队员之间及时地互换防守队员的一种配合方法。

穿过、挤过、交换配合示例：①去给②做掩护，当①接近❷时，同时❷准备移动，❷要及时向前跨一步靠近②，并在②与①之间侧身挤过继续防守②。（图7-1-9）

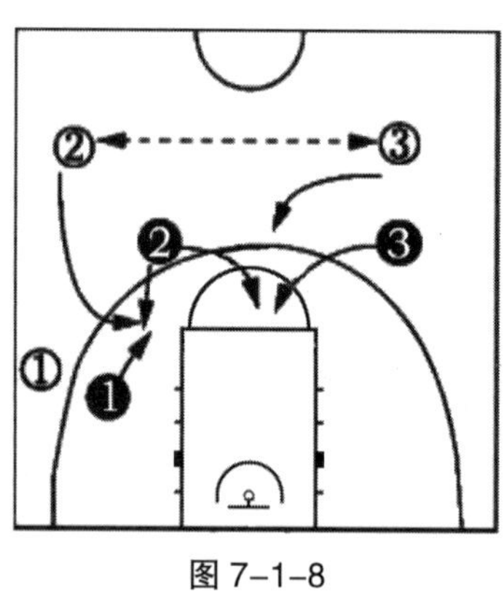

图7-1-8

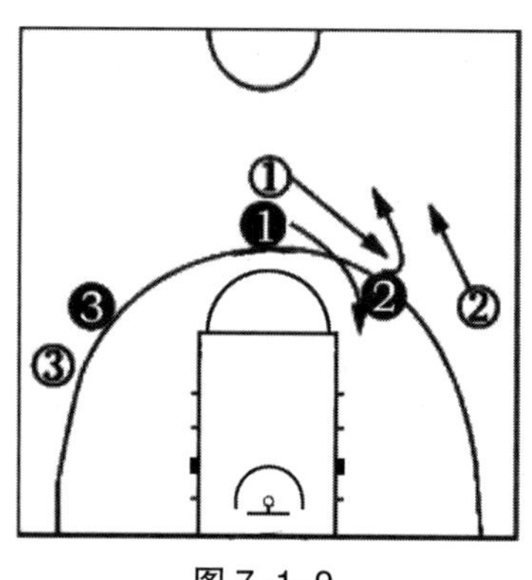

图7-1-9

（三）半场人盯人防守

半场人盯人防守是现代篮球运动中常见的一种防守方法，具有责任到人、分工明确的特点。防守队员可根据场上的情况灵活地进行补防、协防等配合。

半场人盯人防守的方法如下。

防守时，根据球的转移和以盯人为主的原则，要球、人、区兼顾，强侧与弱侧进行

不同的防守。强侧防守要求：球在正面时，要错位防守，防守队员站在能够控制对手接球的路线上，阻止接球；球在 45° 角一带时，强侧的防守队员要绕前防守对手接球，并且罚球线位置的防守队员要缩回罚球线以上协防。弱侧防守要求：球在正面罚球线时，罚球线位置的防守队员要回缩，注意运用关门配合，同时弱侧的防守队员要向强侧移动或注意协防篮下。

防守以掩护为主的进攻：④利用⑥的后掩护运球突破，❻跟随防守⑥的同时提醒同伴❹，❹迅速向突破方向移动，准备堵截④的运球，使其停球，如并未停球，则❹从⑥身前挤过继续防守④。如果⑥转身且向篮下移动准备接④的球，那么❼和❺协防。（图 7–1–10）

防守中锋进攻：当中锋进攻威力很大，对方的外围队员中投很准时，对持球外围队员应紧逼，在防投篮的同时积极干扰对方将球吊给中锋。❼上前防守④，❻绕前不让⑥接球，❺错位防守不让⑧接球。当球传给⑧时，❺防守其投篮，并干扰传球给⑥，❼缩回来防守⑥，❹移动到高位防高吊球。（图 7–1–11）

图 7–1–10

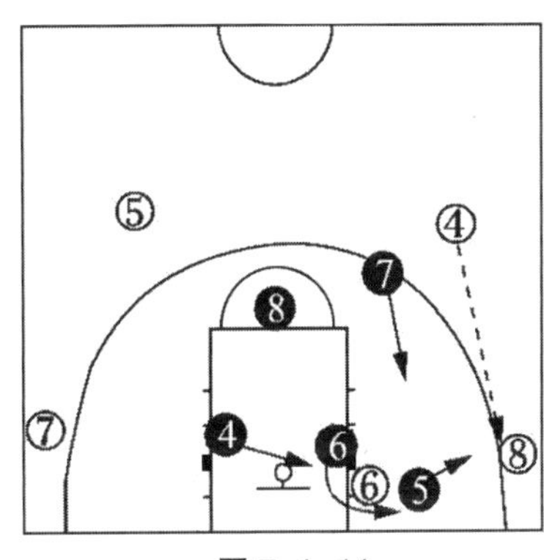

图 7–1–11

（四）进攻半场人盯人

进攻半场人盯人是根据半场人盯人防守战术的特点，从每名队员的具体实际出发，综合运用传切、突分、掩护和策应等配合的全队进攻战术。

进攻半场人盯人的方法如下。

单中锋进攻法：中锋在进攻队员获得球后迅速进场，站在罚球线后，背向球篮准备接球。队员按“2–1–2”站位，发动进攻时传球给中锋，然后中锋在有利的位置上接到球果断投篮。

双中锋进攻法：这种方法主要运用掩护和策应，通过中锋掩护和外围队员的穿插跑动创造内线的得分机会。内线给对方的压力大，能迫使对方缩小防区，为外围队员中远投篮创造机会。

无中锋进攻法：这种进攻方法把传切、策应、掩护等配合组合在一起，特点是机动灵活、连续性强，能保持攻守平衡，但这种战术对队员战术素养和意识要求较高。

（五）区域联防

区域联防是指由进攻转入防守时，全队队员迅速后退，按区分工，各自负责防守一定区域的进攻队员，形成一定的防守阵形，把每个防守区域有机地联系起来，并随球进行协同防守的全队防守战术，也是篮球两大防守战术系统之一。区域联防根据防守队员所在的防守区域，组成不同的防守阵形，目前主要有“2–3”阵形、“3–2”阵形、“1–3–1”阵形、“1–2–2”阵形等。这些防守阵形各有优点和缺点，在运用中必须加以区别。

（六）进攻区域联防

进攻区域联防是针对区域联防的阵形和变化特点，结合本队的实际情况，组织相应的站位阵形，有目的地通过传球及队员的穿插，破坏对方整体防御部署，创造良好的内外线进攻机会的进攻战术。确定阵形的原则是根据进攻的点、面，合理部署队员占据联防的薄弱地区，避免与防守队员形成一对一的站位，应在局部区域形成以多打少的优势，并始终保持攻守平衡。常用的落位阵形有“1–2–2”阵形、“1–3–1”阵形、“2–1–2”阵形、“2–3”阵形等。

思政课堂

篮球嘉年华　“19岁”正青春

日前，第十九届北京3对3街头篮球挑战赛在周家庄村文化体育公园举办。一场场紧张激烈、扣人心弦的比赛，不断地在篮球场上演，每位参赛选手都把自己的技艺发挥得淋漓尽致，他们高超的竞技水平和矫健的身姿，展现京城篮球爱好者们的体育精神。

已经连续举办19年的这一赛事被誉为“京城篮球嘉年华”，为更好地将街头篮球文化融入群众体育赛事，今年的赛事继续采用“1+3”的竞赛办法，即一对一斗牛和三人制篮球相结合，以此增加比赛的观赏性和竞技性。本次比赛设男子组、女子组和亲子组，赛场外还设有投壶、三分球大赛、飞盘等娱乐项目，让大家在紧张激烈的竞技比赛之余，还能放松心情，缓解比赛压力。

平时酷爱篮球运动的张越然此次和朋友一起前来参赛，他感到非常开心。他说：“街头篮球讲求配合，团队精神为上，单靠个人能力是不够的，和队友配合好，才是取胜的关键。”同时，他表示，此次比赛不论是组织、服务，还是氛围都非常好。通过这样的平台，有共同爱好的朋友可以相互交流、相互促进。

北京市社会体育管理中心相关负责人表示，北京3对3街头篮球挑战赛不仅是北京市的传统品牌赛事，也是精品赛事，深受广大年轻人的喜爱。作为一项有传统、

有故事、有文化、有品位的全民健身赛事，主办方希望通过街头篮球这项运动，带动广大北京市民积极参与全民健身赛事活动，满足广大市民的体育健身需求，构建更高水平的全民健身公共服务体系，促进群众体育高质量发展，助力健康中国和体育强国建设。

（资料来源：《中国体育报》，2023 年 6 月 15 日，有改动）

第二节 足球运动

一、足球运动概述

足球运动已有几千年的历史。我国是足球运动开展最早的国家，在春秋战国时期就有了“蹴鞠”游戏。现代足球起源于英国。1857 年英国成立了第一个足球俱乐部。1863 年 10 月 26 日，在英国伦敦成立了世界上第一个足球运动组织——英格兰足球协会。其制定和通过了第一部较为统一的足球竞赛规则，促进了现代足球运动的发展。国际足球联合会（以下简称国际足联）是 1904 年 5 月 21 日在法国巴黎由法国、瑞士、比利时、西班牙、荷兰、丹麦、瑞典七国联合发起成立的。至今，国际足联已拥有 200 多个会员，总部设在瑞士的苏黎世。

目前，国际足坛重大的比赛有国际足联世界杯、奥运会足球比赛、世界青年足球锦标赛等。

二、足球运动基本技术

踢球

（一）踢球技术

1. 脚内侧踢球技术

脚内侧踢球是短距离传球和射门常用的脚法。直线助跑，助跑最后一步要大，支撑脚向前跨步支撑时，脚掌要稍离地面快速积极落地支撑。落地时，以脚跟先落地，滚动式向前过渡到全脚掌支撑。支撑腿的膝关节要适当弯曲以保持身体重心的稳定。支撑脚与球的前后距离以支撑脚的脚尖与球的前沿保持平齐为准，左右距离以支撑脚的内侧沿与球的外侧沿相距 10~15 厘米为宜。在支撑脚落地支撑的同时，踢球腿大小腿折叠靠拢（在大腿后伸状态下），然后以大腿带动小腿由后向前摆动。在前摆过程中，大腿向外旋转带动膝关节向外侧移动，使踢球脚的脚内侧正对出球方向。小腿加速前摆，踝关节保持适当的紧张，使脚掌与地面保持平行并保持住这种脚形，用脚内侧触球的正中后部，

将球踢出。踢球后身体重心随踢球腿的前摆向前移动。（图 7–2–1）

图 7–2–1

2. **脚背内侧踢球技术**

脚背内侧部位踢球主要用于踢定位球、过顶球、中长传、转踢球以及各种距离的射门。踢定位球时，斜线助跑，助跑方向与击球方向约成 45° 角，支撑脚踢在球的侧方 20～25 厘米左右处，屈膝，脚尖指向击球方向，身体稍向支撑脚一侧倾斜，支撑脚一侧肩部侧对击球方向。支撑脚着地的同时，踢球腿以髋关节为轴，大腿带动小腿由后向前摆，当膝盖摆至接近球的内侧正上方的刹那，小腿加速前摆，脚尖稍外展（指向斜下方），膝盖稍内旋，脚趾扣紧，以脚背内侧击球的后中部，踢球后小腿随球前摆。（图 7–2–2）

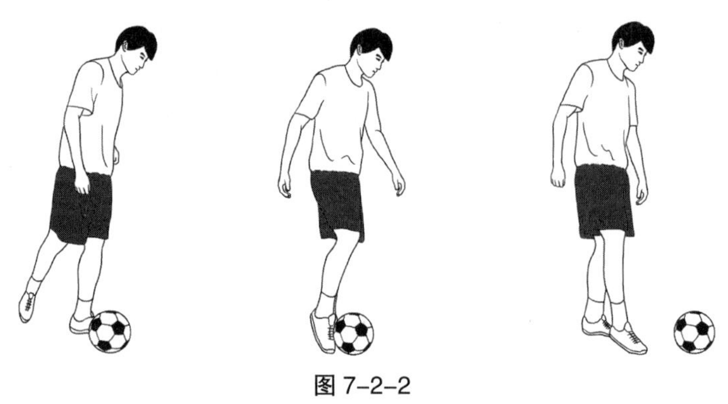

图 7–2–2

3. **脚背正面踢球技术**

脚背正面踢球适用远距离的传球和大力射门。直线助跑，助跑最后一步要大，支撑脚要积极跨步落地，以脚跟先着地形成滚动式着地支撑。支撑脚与球的前后距离以支撑脚的脚尖与球的前沿保持平齐为准，过前或过后都会影响踢球的效果，左右距离以支撑脚的内侧沿与球的外侧沿相距 10 ~ 15 厘米为宜，一般不应超过 20 厘米。在支撑脚落地支撑的同时，踢球腿大腿带动小腿（大小腿折叠要紧）由后向前摆动，当膝关节摆到球的垂直上方时，大腿制动减速而小腿爆发式突然加速前摆，以脚背正面部位触踢球的正中后部位。踢球后身体重心随踢球腿的前摆向前移动。（图 7–2–3）

4. **脚背外侧踢球技术**

脚背外侧踢球主要用踢定位球、过顶球、中长传球、转身踢球以及各种距离的射门。脚背外侧踢球时，助跑、支撑位置与姿势、踢球腿的摆动等动作基本与脚背正面踢球技术相同，只是用脚背外侧触踢球。在踢球腿的膝关节摆到球的垂直上方时，小腿做爆发式前摆，脚尖向内转并向下指，踝关节内收并旋内，脚背绷紧，脚趾扣紧，以脚背外侧部位触击球的正中后部。踢球后身体重心随踢球腿的前摆向前移动。（图 7–2–4）

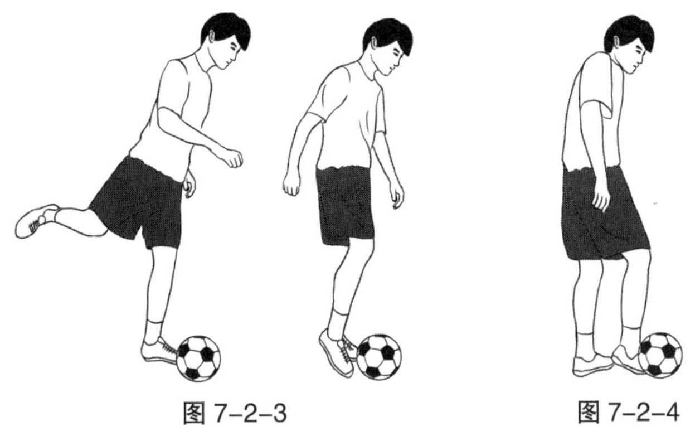

图 7–2–3　　　　图 7–2–4

（二）接球技术

1. **脚内侧接球技术**

接球

脚内侧接地滚球：支撑脚正对来球，膝关节微屈稳固地支撑身体重心，以保证身体重心的平衡。接球腿屈膝外转并前迎，接球脚以脚内侧部位触球，在球与脚接触的瞬间，开始向后回撤以缓冲来球力量，在后撤过程中将球接在做下一个动作需要的位置上。（图 7–2–5）

图 7–2–5

脚内侧接反弹球：支撑脚在球的落点的侧前方（根据接球的方向不同，可以调整支撑脚的位置），膝关节屈曲稳固地支撑身体重心，保证身体重心的平衡。上体稍向接球方向倾斜并稍前倾。接球脚提起，踝关节适当紧张（脚尖适当勾起，用脚内侧部位对准球的反弹路线）。当球落地反弹刚离地面时，用接球脚的脚内侧触压球的外侧中上部，将球接在支撑脚的附近位置以便衔接下一个动作。

脚内侧接空中球：支撑脚的位置一般在球的侧方适当位置，支撑腿屈膝稳固地支撑身体重心，两臂自然张开以维持身体平衡。根据来球的高度和位置，接球脚举起，以脚内侧部位对准来球，接球脚踝关节保持适当紧张以控制脚形并适当前迎。在球与脚接触的瞬间，接球脚向回后撤缓冲来球力量，在后撤过程中将球接在做下一个动作需要的位置上。

2. 脚背正面接空中球技术

支撑腿屈膝稳固地支撑身体重心，支撑位置一般在球的落点附近适当位置。接球腿屈膝抬脚，踝关节保持适当紧张，以脚背正面正对来球，在球下落触到脚背的瞬间接球，脚向下回撤将球接在做下一个动作需要的位置上，并快速衔接下一个动作。（图 7–2–6）

图 7–2–6

3. 脚背外侧接球技术

脚背外侧接地滚球：面对来球，支撑腿屈膝。接球脚稍提起，膝关节和脚尖稍内转（向支撑脚一侧靠近），以脚背外侧正对来球，在支撑脚的前侧方触球外侧部位（球体靠近支撑脚一侧的部位）。在脚触球时踝关节要适当紧张，并伴有一个向接球方向推送的拨球动作，将球控制在做下一个动作需要的位置上。（图 7–2–7）

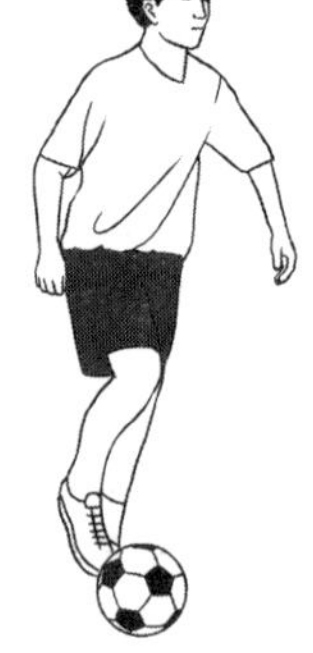

图 7–2–7

脚背外侧接反弹球：面对来球，支撑腿屈膝。接球脚稍提起，膝关节和脚尖稍向支撑脚一侧靠近，脚尖稍向内上方勾起（脚内翻状态），以脚背外侧正对来球，并使接球腿小腿、接球脚与地面形成一个夹角。在球刚反弹离地时接球脚脚背外侧于支撑脚的前侧方触球外侧上部位（球体靠近支撑脚一侧的部位）。在脚触球时踝关节要适当紧张，并伴有身体重心向接球方向倾斜移动的动作，将球控制在做下一个动作需要的位置上。

4. 大腿接球技术

大腿接高球：面对来球，支撑腿屈膝稳固地支撑身体重心。接球腿向前上方屈膝抬起，以大腿中部正对下落来球，肌肉适当紧张。在大腿与球接触的瞬间大腿向下撤引，在撤引过程中接控球，将球控制在做下一个动作需要的位置上。（图 7–2–8）

图 7–2–8

大腿接平球：面对来球，支撑脚稳固地支撑身体重心。接球腿屈膝前迎，以大腿中部正对来球，肌肉适当紧张。在大腿与球接触的瞬间小腿迅速向后下方撤引（接球腿的大小腿成伸直状态），在撤引过程中接控球，将球控制在做下一个动作需要的位置上。

（三）运球技术

运球技术动作包括脚背正面运球、脚背外侧运球、脚背内侧运球和脚内侧运球等。

运球

1. 脚背正面运球

跑动时身体自然放松，上体稍前倾，两臂自然摆动，步幅要适当。运球脚提起时，膝关节弯曲，脚跟提起，脚尖下指。在迈步伸脚着地前，用脚背正面向前推拨球前进。（图 7–2–9）

2. 脚背外侧运球

跑动时身体自然放松，上体稍前倾，两臂自然摆动，步幅不宜过大。运球脚提起时，膝关节弯曲，脚跟提起，脚尖稍内转，在迈步伸脚着地前，用脚背外侧向前推拨球，球成曲线或弧线运行。（图 7–2–10）

图 7–2–9

图 7–2–10

3. **脚背内侧运球**

跑动时身体自然放松，上体稍前倾，并稍向运球方向转动。两臂自然摆动，步幅要小些。运球脚提起时，膝关节弯曲，脚跟提起，脚尖稍外转。在迈步伸脚着地前，用脚背内侧向前推拨球，球成曲线或弧线运行。（图 7–2–11）

图 7–2–11

4. 脚内侧运球

运球时，支撑脚稍向前跨，踏在球的前侧方。膝关节稍弯曲，上体前倾并向里转。随着身体的向前移动，运球脚蹬地提起，用脚内侧推球的后中部。（图 7–2–12）

图 7–2–12

三、足球运动基本战术

足球运动基本战术是指在足球比赛中，为了战胜对方，根据主客观情况所采取的个人行动和集体配合的方法。

（一）集体进攻战术

集体进攻战术常常是有组织、有计划的，由多名无球队员参与的统一行动。一部分无球队员利用跑位在对方防守阵线中制造空当，另一部分无球队员则抓住时机去利用这些空当从而在进攻中形成整体打法。

1. 边路进攻

利用球场两侧区域发起进攻的方法叫边路进攻。边路进攻是集体进攻战术的主要形式之一。边路进攻的发起、推进通常有 2 种渠道：一是进攻过程始终沿边路而行；二是通过中路转移至边路。

2. 中路进攻

中路进攻是利用球场中间区域组织的进攻。这种进攻虽能直接射门，但难度最大。由于中路防守最为严密，因此攻击手必须是反应敏锐、意识强、技术高、敢于冒险、速度快和善于跑位策应的队员。

3. 快速反击

快速反击是极有威胁的进攻手段，有效的进攻在于突然快速地反击，但其难度较大，既要冒险，又要有准确、快速的传切配合。快速反击要有组织，配合得要极为默契，必须进行专门性的训练，否则很难在比赛中实施。

（二）常用阵形

1. “四三三”阵形（图 7-2-13）

“四三三”阵形，后防稳固，攻防机动灵活，是世界足坛运用广泛的阵形之一。

2. “四四二”阵形（图 7-2-14）

“四四二”阵形也是常用的阵形之一。

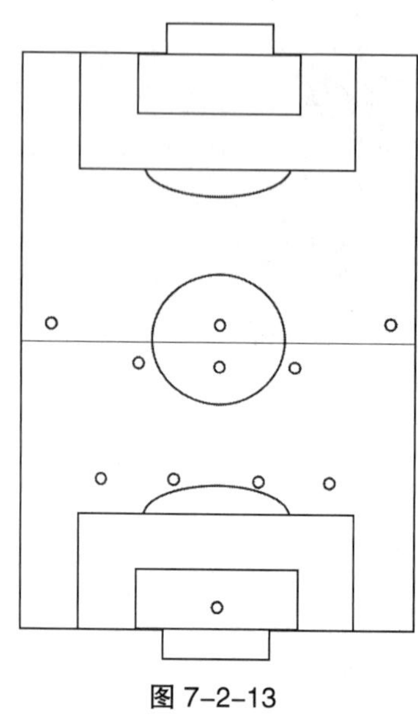

图 7-2-13

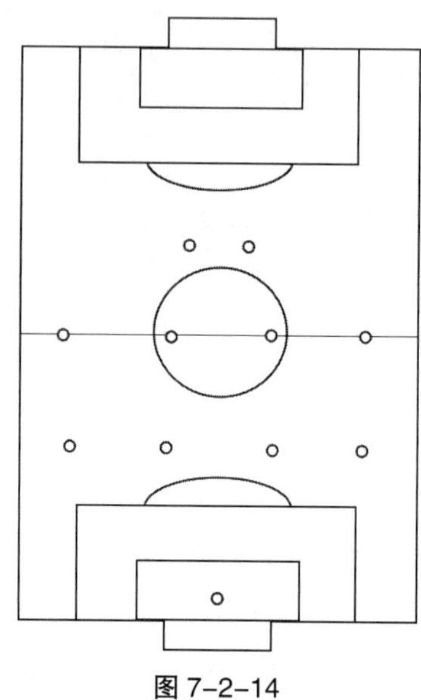

图 7-2-14

3. “三五二”阵形（图 7-2-15）

“三五二”阵形也是现代足球比赛常用的阵形。防守时，边后卫后撤防守，“三五二”阵形变成“五三二”阵形；进攻时，边后卫向中场推进并伺机插上进攻，此时“五三二”阵形变成“三五二”阵形。

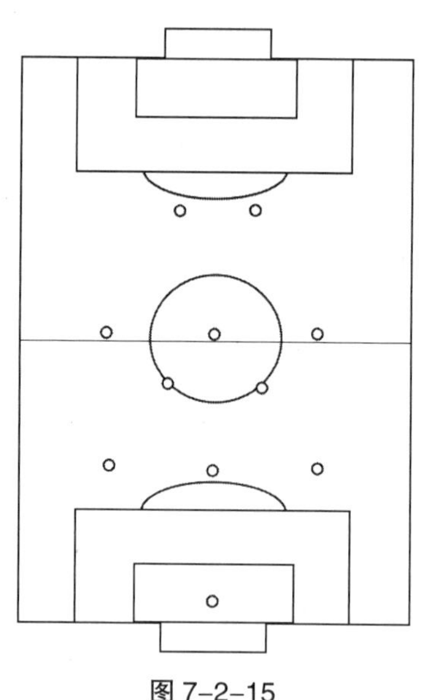

图 7-2-15

（三）局部进攻战术

1. “二过一”配合

“二过一”配合是指在比赛中，局部区域的 2 名进攻队员通过传球与跑位的配合，突破防守队员的配合方法。下面介绍 2 种“二过一”配合方法。

（1）斜传、直插“二过一”。如图 7-2-16 所示，⑥运球前进并吸引对手上前逼防，斜线将球传给⑨，然后直线插入接⑨斜传球。

（2）直传、斜插“二过一”。如图 7-2-17 所示，⑤将球斜传给⑦，⑦再直传球给斜线插入的⑤。

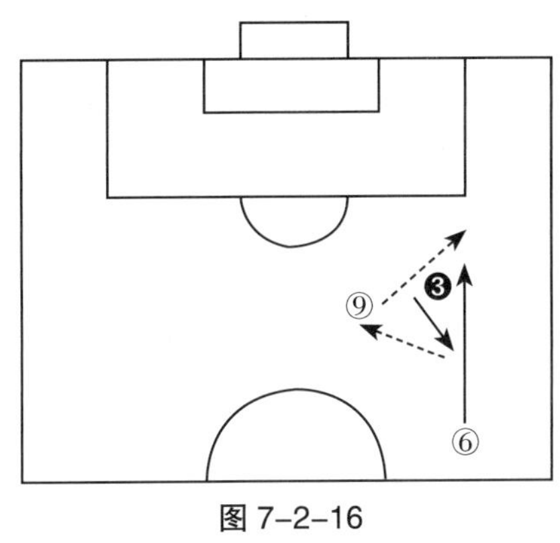

图 7–2–16

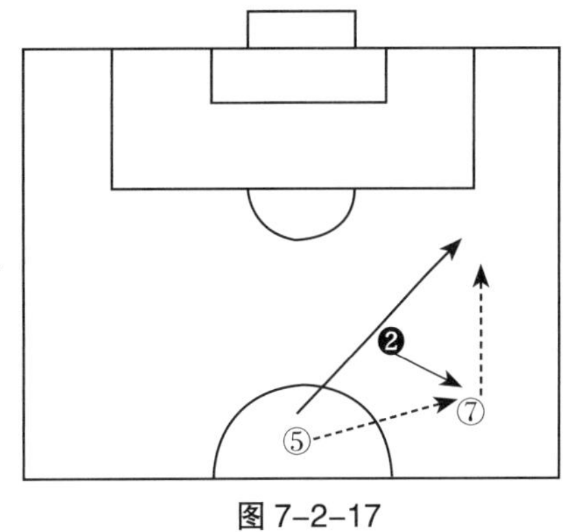

图 7–2–17

2. “三过二”配合

“三过二”配合是在比赛中，局部区域 3 名进攻队员通过连续配合，突破 2 名防守队员的防守的配合方法。下面介绍 2 种“三过二”配合方法。

（1）如图 7–2–18 所示，⑥传球给⑨，⑨向后跑动接球，再将球传给⑥，⑦做假动作并伺机从内线切入接⑥的传球，突破防守。

（2）如图 7–2–19 所示，⑦持球，⑥假接应，⑨斜插把防守队员带开，⑥插上至⑨制造的空当接⑦的传球，突破防守。

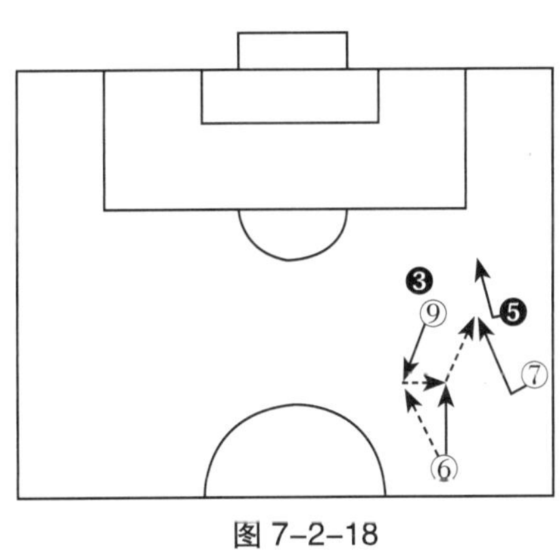

图 7–2–18

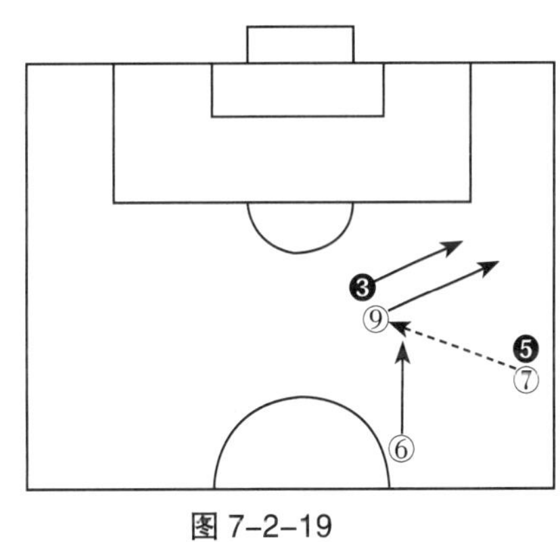

图 7–2–19

思政课堂

感恩足球，用爱浇灌——“国脚公益行”助力新疆青少年足球发展

日前，由新疆维吾尔自治区体育局和教育厅指导、新疆足球协会发起并主办、中国足球发展基金会支持的“国脚公益行”（新疆）系列活动分别在乌鲁木齐市、喀什地区喀什市、伊犁哈萨克自治州伊宁市三地举行。女足国家队前门将赵丽娜参加了喀什站活动。

活动以“感恩足球，用爱浇灌”为主题，由新疆足球协会邀请从新疆走出的入选过各级国家队的足球运动员向母校、家乡反哺并捐赠，致力于弘扬中华传统美德，树立良好社会形象，助力乡村振兴，推动新疆青少年足球发展。

（资料来源：《中国体育报》，2023 年 7 月 4 日，有改动）

第三节　乒乓球运动

一、乒乓球运动概述

乒乓球运动属于隔网对抗的技能类体育项目，是由网球运动派生而来的。在 1988 年第 24 届汉城奥运会上，乒乓球正式成为奥运会比赛项目。

1952 年中国乒乓球队成立，1959 年容国团成为中国第一个乒乓球男子单打世界冠军。1961 年北京承办了中国第一个国际乒乓球赛事——第 26 届世界乒乓球锦标赛。这场比赛中，中国男子乒乓球队首次夺得世界乒乓球锦标赛男子团体冠军，邱钟惠成为中国第一个乒乓球女子单打世界冠军。

二、乒乓球运动基本技术

握拍

（一）握拍法

乒乓球运动握拍法有直式握拍法和横式握拍法 2 种。

1. 直式握拍法

用拇指第一指节与食指第二指节扣住拍柄，虎口贴于拍柄后面；其余三指自然弯曲，重叠，以中指第一指节侧面顶在拍后面拍柄延长线 1/3 处；用中指、虎口、食指、拇指调节拍形。（图 7–3–1）

2. 横式握拍法

用中指、无名指、小指自然地握住拍柄，虎口压在球拍的右侧，拇指轻贴在球拍正面中指下方，食指自然伸直斜贴在球拍背面。正、反手攻球时，手指做适当的配合变化。（图 7–3–2）

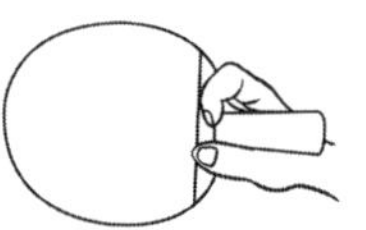

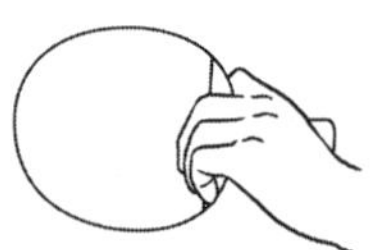

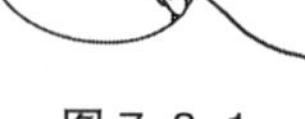

图 7–3–1

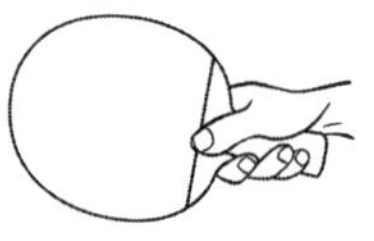

图 7–3–2

（二）步法

1. 单步

（1）技术要点：移动时一脚蹬地，另一脚向目标方向跨步。身体重心随之落在移动脚上。

（2）使用范围：常用于接台内短球或离身体较近的来球。

2. 并步

（1）技术要点：移动时一脚先向另一脚移（或叫并）半步或一小步，另一脚在并步脚落地后立即向同方向移动。

（2）使用范围：常用于中近台进攻时的中小范围的移动。

3. 跳步

（1）技术要点：以移动方向的反方向脚蹬地发力为主，两脚同时离地向来球方向跳动。

（2）使用范围：常用于中台进攻时的左右移动。

4. 跨步

（1）技术要点：移动时一脚蹬地，另一脚向目标方向跨出一大步，蹬地脚随后跟上半步或一小步。身体重心随即转移到跨步脚上。

（2）使用范围：常用于接近台进攻时离身体较远的来球。

5. 交叉步

（1）技术要点：移动时以靠近来球方向的脚作为支撑脚，该脚的脚尖调整指向移动方向，远离来球方向的脚在体前交叉，向来球方向跨出一大步，身体随之向来球方向转动，支撑脚跟着向来球方向再迈一步。

（2）使用范围：常用于大范围的移动进攻或救球。

（三）准备姿势和站位

1. 准备姿势

两脚开立与肩同宽或稍宽，前脚掌着地，脚跟稍提起，两膝微屈，上体略前倾、收腹，重心在两脚中间。下颌略内收，目视来球。两臂自然弯曲置于身体两侧略靠前的位置，执拍手手腕适当放松。

2. 站位

乒乓球的基本站位应根据不同类型的打法和个人特点确定，一般有以下几种（以右手持拍为例）。

（1）左推右攻打法的运动员，其站位在近台中间偏左的位置。

（2）两面攻打法的运动员，其站位在近台中间的位置。

（3）以弧圈球为主打法的运动员，其站位在中台中间偏左的位置。

（4）攻削结合打法的运动员，其站位在中台附近。

（5）以削为主打法的运动员，其站位则在中远台附近。

（四）发球技术（以右手横握球拍为例）

发球动作由 2 个部分组成：一部分是一只手的上抛动作，球上抛的高度大于等于 16 厘米，上抛动作要在球台端线外完成，且高于台面，须垂直上抛；另一部分是另一只手的挥拍动作。按照规则，发球动作要高于台面完成，并且要使两侧居中的裁判员和对方运动员都能看清动作。

1. 正手平击发球

击球部位：击球时，球拍前倾下压，击球面与球台台面形成 70°~80° 的夹角，击球的中上部。

动作结构：肩关节放松，左臂自然靠近身体，左手握球放在球拍正前方。在左手垂直抛球的同时，右臂以肘关节为中心，向身体后方摆臂引拍。击球时，右臂以肘关节为中心，向目标方向摆臂挥拍击球。（图 7–3–3）

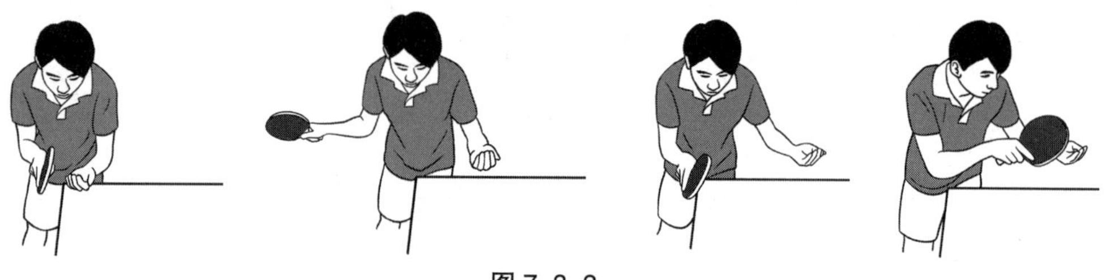

图 7–3–3

2. 正手下旋发球

击球部位：击球时，球拍拍面后仰，击球面与球台台面形成 135°~145° 的夹角，击球的中下部。

动作结构：肩关节放松，左臂自然靠近身体，左手握球放在球拍正前方。在左手垂直抛球的同时，右臂以肘关节为中心，向身体后方摆臂引拍。击球时，右臂以肘关节为中心，向前下方摆臂挥拍摩擦击球。（图 7–3–4）

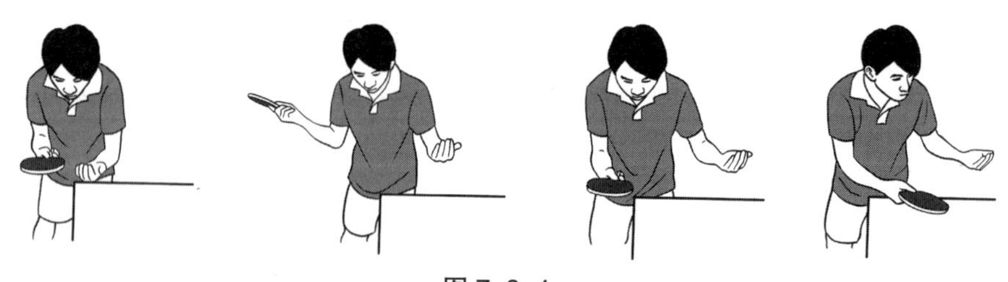

图 7–3–4

3. 正手侧上旋发球

击球部位：击球时，球拍正面对准右侧对方球台台角，球拍拍面与球台台面形成 90°~100° 的夹角，击球的中间偏左侧部位。

动作结构：肩关节放松，左臂自然靠近身体，左手握球放在球拍正前方。在左手垂

直抛球的同时，右臂以肘关节为中心，向身体后方摆臂引拍。击球时，右臂以肘关节为中心，向左侧上方肩关节方向摆臂挥拍摩擦击球。（图 7–3–5）

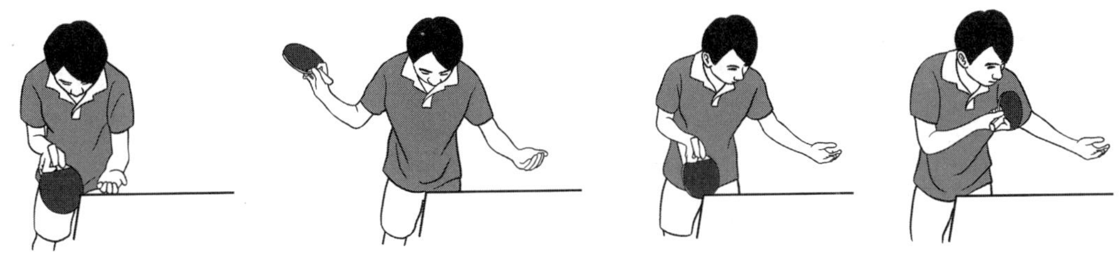

图 7–3–5

4. 正手侧下旋发球

击球部位：击球时，球拍拍面后仰并对准右侧对方球台台角，球拍拍面与球台台面形成约 135° 的夹角，击球的中下方偏左侧部位。

动作结构：肩关节放松，左臂自然靠近身体，左手握球放在球拍正前方。在左手垂直抛球的同时，右臂以肘关节为中心，向身体后方摆臂引拍。击球时，右臂以肘关节为中心，向左侧前下方髋关节方向摆臂挥拍摩擦击球。（图 7–3–6）

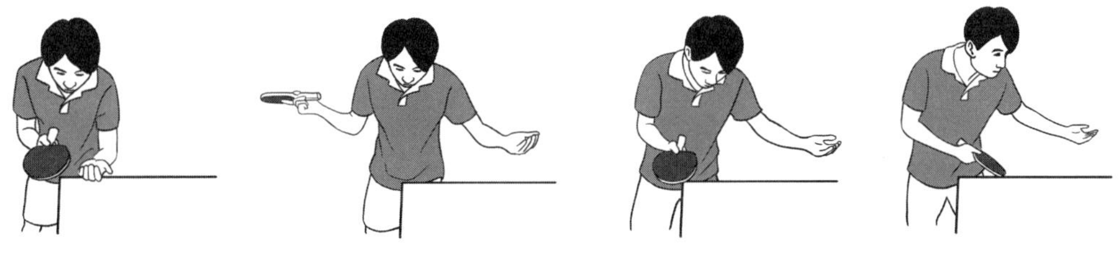

图 7–3–6

5. 反手侧上旋发球

击球部位：击球时，球拍拍面对准左侧对方球台台角，球拍拍面与球台台面形成 90°~100° 的夹角，击球的中间偏右侧部位。

动作结构：肩关节放松，左臂自然靠近身体，左手握球放在球拍正前方。在左手垂直抛球的同时，右臂以肘关节为中心，向身体左侧后方摆臂引拍。击球时，右臂以肘关节为中心，向身体右侧前上方齐肩高方向摆臂挥拍摩擦击球。（图 7–3–7）

图 7–3–7

6. **反手侧下旋发球**

击球部位：击球时，球拍拍面对准左侧对方球台台角，球拍拍面与球台台面形成约135°的夹角，击球的中下方偏右侧部位。

动作结构：肩关节放松，左臂自然靠近身体，左手握球放在球拍正前方。在左手垂直抛球的同时，右臂以肘关节为中心，向身体左侧后方摆臂引拍。击球时，右臂以肘关节为中心，向右侧前下方球网柱方向摆臂挥拍摩擦击球。（图 7–3–8）

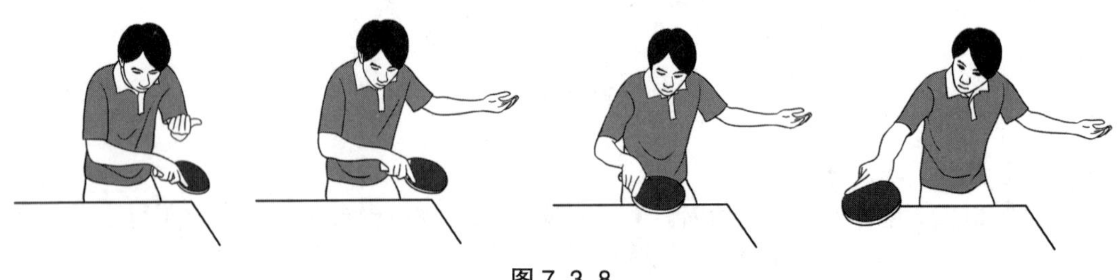

图 7–3–8

（五）接发球技术

接发球是一个回合中的第二板球，同时也是接发球方的第一板球。各种接发球方法如下。

接平击发球：可在球刚刚弹起时用反手推挡、反手攻或正手攻技术回接，借来球之力将球击回；也可以借力为主，多做向前的动作。

接侧下旋长球：可采用拉球和搓球技术回接。用拉球技术回接时，将球拍前倾，摩擦球的中上部；用搓球技术回接时，将球拍后仰，摩擦球的中下部。

接侧下旋短球：可采用摆短、摆长、挑打等技术回接，运用挑打技术可以增加球的威胁性。

接侧上旋球：侧上旋球有左、右 2 个方向的旋转，一般可采用推挡和攻球等技术回接。采用推挡技术回接时，要将拍面稍前倾，击球的中上部，发力向前以抵消球的旋转与冲击；采用反手攻或正手攻技术回接时，要注意加大力量来抵消球的旋转。

（六）攻球技术

攻球力量大、速度快、攻击性强，是争取主动、克敌制胜的重要手段。

1. **正手攻球（以右手直握球拍为例）**

两脚开立，略比肩宽，左脚在右脚前约半个脚掌的位置，左右脚尖分别对准左右两侧球网柱方向，成外“八”字形。身体离球台一个拍长的距离，屈膝、收腹、弯腰，身体重心前倾，肩关节放松，右臂自然靠近身体，球拍放在身体正前方位置。引拍时，右臂以肘关节为中心，前臂带动球拍向身体右侧下方、球台台面上方引拍。击球时，右臂以肘关节为中心，前臂带动球拍向眉毛正前方 15~20 厘米处摆臂挥拍击球。击球后身体还原。（图 7–3–9）

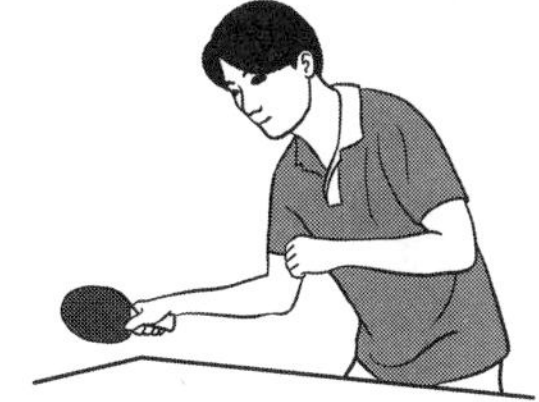

图 7-3-9

2. 反手推挡（以右手直握球拍为例）

两脚开立，略比肩宽，右脚在左脚前约半个脚掌的位置，左右脚尖分别对准左右两侧球网柱方向，成外“八”字形。身体离球台一个拍长的距离，屈膝、收腹、弯腰，身体重心前倾，肩关节放松，右臂自然靠近身体，球拍横向放在身体正前方。击球时，球拍拍面与球台台面形成 70°~80° 的夹角，右臂以肘关节为中心，前臂带动球拍摆臂挥拍发力击球。击球后身体还原。（图 7-3-10）

图 7-3-10

3. 正反手搓下旋球（以右手直握球拍为例）

（1）正手搓球。两脚开立，略比肩宽，左脚在右脚前约一个脚掌的位置，左右脚尖分别对准左右两侧球网柱方向，成外“八”字形。身体离球台 10~20 厘米，屈膝、收腹、弯腰，身体重心前倾，肩关节放松，右臂自然靠近身体，球拍在身体右侧下方，拍头对准右侧球网柱方向，拍面后仰，击球面与球台台面形成 135° 左右的夹角。引拍时，右臂以肘关节为中心，球拍向身体内收。击球时，右臂前臂带动球拍摆臂挥拍摩擦切球。击球后身体还原。（图 7-3-11）

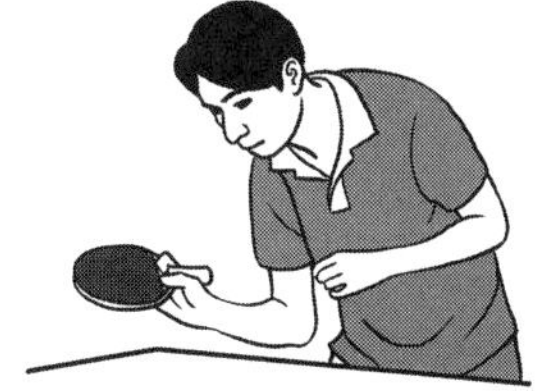

图 7-3-11

（2）反手搓球。两脚开立，略比肩宽，右脚在左脚前约一个脚掌的位置，左右脚尖分别对准左右两侧球网柱方向，成外“八”字形。身体离球台10~20厘米，屈膝、收腹、弯腰，身体重心前倾，肩关节放松，右臂自然靠近身体，球拍在身体正前方，拍头对准左侧球网柱方向，拍面后仰，击球面与球台台面形成135°左右的夹角。引拍时，右臂以肘关节为中心，球拍向身体内收。击球时，右臂前臂带动球拍摆臂挥拍摩擦切球。击球后身体还原。（图7–3–12）

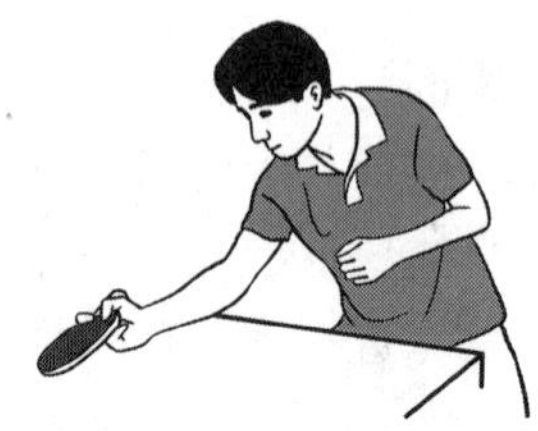

图7–3–12

4. 弧圈球（以右手横握球拍为例）

两脚开立，略比肩宽，左脚在右脚前约一个脚掌的位置，左右脚尖分别对准左右两侧球网柱方向，成外“八”字形。身体离球台约10厘米，屈膝、收腹、弯腰，身体重心前倾，肩关节放松，右臂自然靠近身体，球拍放在身体正前方。引拍时，球拍击球面与球台台面形成35°~45°的夹角，身体重心转移到右脚的同时转动髋关节，右臂以肘关节为中心，前臂带动球拍向身体右侧下方引拍。击球时，身体重心由右脚转换到左脚的同时向同一方向转动髋关节，右臂以肘关节为中心，前臂带动球拍向眼睛、眉毛正前方20~30厘米处摆臂挥拍摩擦击球。击球后身体还原。（图7–3–13）

图7–3–13

5. 削球（以右手握拍为例）

削球主要包括正反手削加转弧圈球和削前冲弧圈球。

（1）正反手削加转弧圈球。正手削球时左脚稍前，反手削球时右脚稍前，站位以将球的击球点选在左、右腹前为宜。正手削球时，身体向右后方转并向右后上方引拍，动作幅度稍大些，使球拍与击球点之间有适当的挥拍加速距离。反手削球时，身体向左后方转并向左后上方引拍，动作幅度略小于正手引拍。正手削球由右后上方向左前下方挥拍，反手削球由左后上方向右前下方挥拍，右臂以上臂带动前臂发力为主，拍形稍立一些。

手臂的发力顺序是先压后削再送。击球后，手臂继续向前下方挥动，身体迅速还原。

（2）削前冲弧圈球。左脚在前，右脚稍后，两脚间距离比快攻时略大。两膝微屈，身体重心约在前脚掌内侧，右臂自然下垂伸直，拍形略前倾。当来球从台面弹起时，左脚稍蹬地右转，身体重心落在右脚，右肩下沉，右手随之引拍至身体右后方。右脚蹬地，挺髋，腰部向左上方转动。在肩部带动下，右臂上臂带动前臂向左前上方加速挥动。在击球瞬间，整个身体的动量传递到手腕，加速度达到最大，在来球的下降前期摩擦球的中部。击球后，身体重心移至左脚，随势挥拍后注意身体尽快还原。

三、乒乓球运动基本战术

（一）发球抢攻战术

发球抢攻是我国直板快攻打法的“撒手锏”，是力争主动、先发制人的主要战术。发球抢攻战术因打法的类型不同而有所差异，但常用的发球抢攻战术主要有以下几种：正手发转与不转球，侧身正手（高抛或低抛）发左侧上（下）旋球，反手发右侧上（下）旋球，反手发急球或急下旋球，下蹲式发球。

（二）接发球战术

接发球战术与发球抢攻战术同样重要，从某种意义上讲，接发球水平的高低可以反映运动员的实践能力以及各项基本技术的应用程度。

（三）搓攻战术

搓攻战术是进攻型打法的辅助战术之一，主要利用搓球旋转的变化和落点的变化为抢攻创造机会。常用的搓攻战术有慢搓与快搓结合、转与不转结合、搓球弯线等。

（四）对攻战术

对攻战术是进攻型打法在相持阶段常用的一项重要战术。对攻战术主要依靠反手推挡（或反手攻球）和正手攻球（或正手拉弧圈球）技术，充分发挥快速多变的特点来调动对方。

（五）拉攻战术

拉攻战术是以攻为主的选手对付削球的主要战术。常用的拉攻战术有：拉反手后，侧身突击斜线或中路追身球；拉中路杀两角或拉两角杀中路；拉一角或杀另一角；等等。

（六）弧圈球战术

由于弧圈球战术把速度和旋转有效地结合起来，稳健性好，适应性强，因此许多著名选手已用它去替代攻球或扣杀，比如发球抢攻，接发球果断上手，相持中的战术运用。

（七）削中反攻战术

削中反攻战术主要靠稳健的削球，限制对方的进攻能力，为自己的反攻创造有利条件。它不仅增强了削球技术的生命力，也促进了攻防之间的积极转化。

思政课堂

大运会乒乓球女团夺冠秘诀——“团结就是力量！”

“这是来之不易的胜利，我觉得是中国队的力量，是我们整个团队的力量。”中国选手何卓佳在赛后新闻发布会上说。

何卓佳、钱天一、王晓彤8月1日在成都高新体育中心体育馆鏖战211分钟，以3比2击败日本队，将大运会乒乓球项目首金收入囊中，中国队成功卫冕。

首场比赛何卓佳2比3不敌反手长胶、正手正胶打法的对手出泽杏佳。之后，压力来到第二场上阵的钱天一身上，作为左手选手，钱天一第一局顶住了木村香纯的追分，关键比分时发挥出左手线路优势，13比11拿下第一局。熟悉对方打法后，钱天一加强衔接速度，连下两局，3比0赢下比赛。

第三场上演攻削大战，王晓彤的对手黑野葵衣是来自日本早稻田大学的削球手。第四局双方一直紧咬比分，连续打出11个平局后，王晓彤最终以14比12拿下这局。

第四场钱天一再度上场，与对手各有胜负，将比赛拖至决胜局。钱天一开局主动，用全台打对手的正手半台，形成压制，可惜没有将领先优势持续到最后，2比3负于对手。

决胜场，何卓佳开局便打出了气势，凭借出色的防守能力，最终以3比1赢下比赛，帮助中国队取得最后的胜利。

何卓佳说：“对手是一支非常强的队伍，她们今天发挥也很好，我们在赛前做好了打五场的准备。我觉得自己整体发挥一般，第一场进入状态较慢。这是我第一次参加综合性运动会，和之前参加WTT乒乓球专项赛事有所不同，压力也不一样，取得胜利的法宝是团队的力量。”

王晓彤也认为赢下比赛的关键在于团队的力量，“我上场之前比较兴奋，再加上团队的力量，所以上场时调动也很快。”

中国队教练臧玉瑛肯定了三位姑娘的发挥，她说：“我们从进入大运村正常训练，到今天的发挥都很好。何卓佳的拼搏，把整场气氛调动起来；钱天一的稳重，在场上展现大将风度；王晓彤的力量，赢得自信和底气。对于接下来的比赛，我们会继续加油。”

此后进行的乒乓球男团决赛，中国队3比0战胜中国台北队，夺得冠军，为中国体育代表团再添一金。

（资料来源：《中国体育报》，2023年8月2日，有改动）

第四节　羽毛球运动

一、羽毛球运动概述

羽毛球运动是一种相互进行击球对抗的球类运动。其前身是板羽毛球，即用木板拍打扎着羽毛的球体（类似于毽子）并避免它落地的游戏。此后其经过不断改良发展，成为现在正式的羽毛球运动。1934 年国际羽毛球联合会成立（后改名世界羽毛球联合会），1958 年中国羽毛球协会成立。现代羽毛球运动在我国得到不断的发展。我国涌现出一大批世界级羽毛球运动员。

二、羽毛球运动基本技术

以下以右手执拍为例进行介绍。

（一）握拍

握拍

握拍是学习羽毛球的第一个动作，从开始到完成每一个击球动作，握拍的方式都会有所不同。握拍有 2 种方法：正手握拍和反手握拍。

1. 正手握拍

握拍时，先用左手拿住球拍杆，使拍面与地面垂直，再张开右手，使虎口对着球拍框的内侧，手掌小鱼际肌靠在球拍柄端，小指、无名指、中指自然并拢，食指和中指微微分开，拇指的内侧和食指贴在拍柄的两个宽面上，将球拍柄握住，握拍时掌心不要贴紧拍柄，要使掌心与拍柄间留有一定的空隙（图 7–4–1）。单打握拍的位置为小鱼际部分与拍柄底盖处相平，双打一般握拍柄中间或偏上的位置。

2. 反手握拍

在正手握拍的基础上，尽量放松握拍，拇指上提，顶贴拍柄的宽拍棱上，食指往中指、无名指和小指方向收回，食指、中指、无名指和小指并拢自然握住拍柄，掌心与拍柄间留有一定的空隙，切记拇指后端不可与拍柄接触（图 7–4–2）。反手握拍强调拇指握拍，击球时以拇指发力为主。单打握拍的位置为小鱼际部分与拍柄底盖处相平，双打一般握拍柄中间或偏上的位置。

（二）发球技术

羽毛球的发球方法有 2 种：一种是正手发球；另一种是反手发球。羽毛球发球按照发出球在空中飞行的弧度与落点，可以分为发高远球、发平高球、发平快球和发网前球。

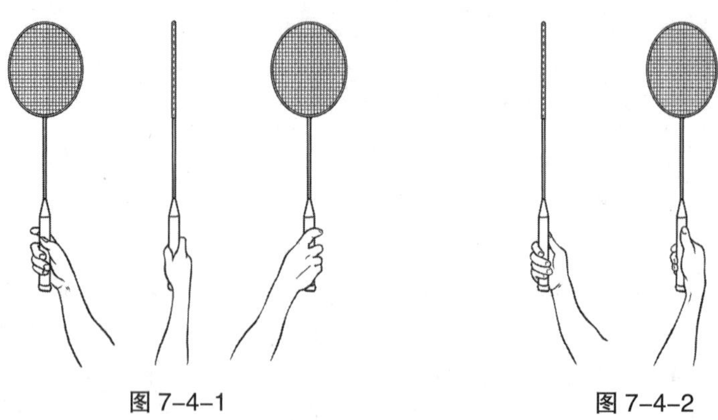

图 7–4–1　　图 7–4–2

1. 发高远球

运行轨迹又高又远，球下落时与地面垂直，落点在对方场区底线附近的球称为高远球。下面对正手发高远球进行介绍。

动作要领：两脚自然开立，左脚在前，脚尖对网，右脚在后，脚尖稍向右侧，重心落在右脚；左手拇指、食指和中指夹持住羽毛球中部，自然平举于胸前方。持球左手自然松开，使球自然下落；右臂上臂外旋，并带动前臂自下而上沿半弧形做回环引拍动作。拍面与球在身体右侧前下方接触的瞬间前臂迅速内旋带动手腕，快速向前上方闪动，屈腕、屈指发力，用正拍面将球击出。身体重心移至左脚，持拍手随击球动作的惯性自然向上方挥动。（图 7–4–3）

图 7–4–3

2. **发平高球**

平高球是一种弧度比高远球低，速度比高远球快，具有一定攻击性的球。下面对正手发平高球进行介绍。

动作要领：准备姿势、发球动作与正手发高远球的准备姿势、发球动作大致相同，只是在击球的一刹那，前臂加速带动手腕向前上方挥动，拍面要向前上方倾斜，以向前用力为主，球击出的弧线高度以对方伸拍打不到为宜，落点在对方场区底线附近。（图 7–4–4）

图 7–4–4

3. **发平快球**

平快球的弧线比平高球还要低，速度比平高球快。在对付反应较慢、站位较前、动作幅度较大的对手或初学者时，发平快球的效果往往很好。下面对正手发平快球进行介绍。

动作要领：准备姿势同正手发高远球的准备姿势。充分利用前臂带动手腕的爆发力向前方用力，球直接从对方肩上稍高位置越过，直攻对方后场。

发平快球的关键是击球的动作要小而快，但前期动作应和发高远球一致。发平快球时应注意不要出现超手、超腰犯规。

4. **发网前球**

发网前球是在双打中主要采用的发球技术。

（1）正手发网前球。正手发网前球是用正手握拍，以正拍面击出飞行弧度比正手发平高球还要低的一种发球。球的飞行弧度几乎是擦网而过，落入对方前发球区内。击球后的动作与正手发高远球一样，自如地向左前方挥动。

动作要领：准备姿势大致与正手发高远球的准备姿势相同。用球拍完成小的回环动作。肘关节保持稍微弯曲，腕关节没有或者只有很少的参与。右髋向前送，身体重心移至左脚。击球点位于右侧体前几乎与髋同高的位置，拍头必须低于持拍手。略晚些抛球，手臂离身体较近击球，髋部快速转向前。球拍继续向前挥拍，直到球拍位于大约与胸同高的位置。（图 7–4–5）

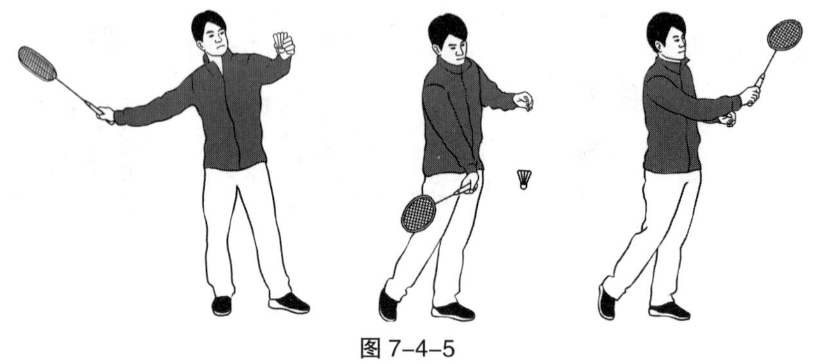

图 7–4–5

（2）反手发网前球。反手发网前球的特点是动作小、出球快，对方不易判断。在双打比赛中队员多采用此发球技术。

动作要领：面向球网，两脚前后站立（左脚或右脚在前均可），上体稍前倾，身体重心落在前脚。右手反手握拍，左手拇指、食指和中指捏住球的两三根羽毛，球托明显朝下，球体与拍面平行或球托对准拍面放在拍面前方。在左手放球的同时，右臂以肘关节为轴，前臂内旋，带动展腕由后向前做回环半弧形挥动，至一定发力所需幅度。手腕由外展至内收发力，靠手腕和手指控制力量，以斜拍面向前轻轻推送切击球托，使球尽可能低地沿网上方飞过并落入对方前发球区内。（图 7–4–6）

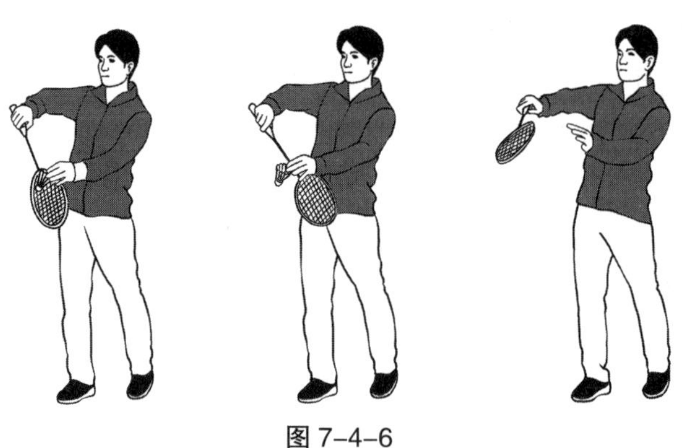

图 7–4–6

（三）接发球技术

接发球与发球是一对矛盾：发球方想方设法发出各种不同弧线的球，以此来控制对方；而接发球方想后发制人，以达到反控制的目的。羽毛球比赛就是在这种控制与反控制的争夺中进行的。

1. 接发球站位

不论是单打比赛还是双打比赛，队员都应选择一个合理的接发球站位。一般情况下，单打的接发球站位在离前发球线约 1.5 米处，在右发球区应站在靠中线的位置，在左发球区应站在中间稍偏边线位置，主要防备对方发球攻击反手部位；双打的接发球站位可靠近发球线。

2. 接发球的准备姿势

单打接发球应左脚在前，右脚在后，侧身对网，身体重心落在前脚，后脚脚跟稍提起，收腹含胸，持拍于右胸前，目视对方；双打接发球的准备姿势基本同单打接发球的准备姿势，但身体重心可随意放在任何一只脚上，将球拍高举在肩上，注意力要高度集中。

（四）击球技术

1. 击高远球

击出高弧线飞行的、几乎垂直落到对方底线附近场区的球称为击高远球。

（1）正手击高远球。正手击高远球是羽毛球击球技术中的基础。

动作要领：左脚在前，右脚在后，侧身对网。右手正手握拍屈肘于体侧，上臂、前臂间的夹角约为 45°；左手自然上举，保持平衡，两眼注视来球方向。当球下落到一定的高度时，右肘上抬，手臂后摆引拍，以肩为轴做回环动作；前臂充分向后下方摆动并外旋，手腕充分伸展；左手协调屈臂向身体左侧下降。击球时，右臂前臂急速内旋并带动手腕加速向前上方挥动，手腕屈收，屈指发力，用正拍面将球击出。击球点选在右肩的前上方，其高度以持拍手臂自然伸直击球为宜。右臂随击球后的惯性向左前下方挥动。（图 7–4–7）

图 7–4–7

图 7–4–7（续）

（2）反手击高远球。反手击高远球多为在被动情况下的过渡，可帮助队员重新调整站位。

动作要领：判断来球的方向和落点，迅速将身体转向左后方，右脚前交叉跨到左侧底线，背对球网，身体重心落在右脚，使球在身体的右肩上方。击球前，由正手握拍迅速换为反手握拍，并持拍于胸前，拍面朝上。击球时，右臂以上臂带动前臂，通过手腕的闪动、自上而下地甩臂将球击出。在最后用力时，要注意拇指的侧压力与甩腕配合，同时还要利用两脚的蹬地、转体等协调全身用力。（图 7–4–8）

图 7–4–8

（3）头顶击高远球。在左后场区，用正手在头顶中间部位或在左肩上方将来球击到对方底线去的击球技术称为头顶击高远球。

动作要领：准备姿势、击球动作与正手击高远球的准备姿势、击球动作基本一致。二者不同的是头顶击高远球的击球点在左肩上方（因来球是飞向左后角的）。准备击球时，应侧身（左肩对网）稍向左后仰；击球时，右臂上臂带动前臂使球拍绕过头顶，从左上方向前加速挥动。在用力击球时，要注意发挥手腕的爆发力和充分利用蹬地、收腹的力量。击球后，左脚在身后着地并立即回蹬，同时右脚前移，将身体重心移至右脚。

2. 击平高球

依据击球方式和击球时球与人的位置，击平高球技术可分为正手击平高球、头顶击平高球和反手击平高球 3 种。下面只介绍正手击平高球和头顶击平高球。

（1）正手击平高球。正手击平高球是用正手握拍，以正拍面击出飞行弧度比高远球弧度低的球，要使对手持拍站在中场起跳到最高点不能拦击到来球。

动作要领：准备姿势、引拍动作同正手击高远球的准备姿势、引拍动作。击球动作与正手击高远球的击球动作基本一致，只是在击球时，运用前臂带动手腕的充分闪动，然后屈指发力，以比击高远球仰角稍小一些的正拍面（拍面与地面近似垂直）将球击出。击球后右臂顺势向左下方减速摆臂，最后至体前成接球前的准备姿势。（图 7-4-9）

图 7-4-9

（2）头顶击平高球。头顶击平高球是在左后场区用正手握拍，以正拍面在头顶击出较高远球弧度低的球，要使对手持拍站在中场起跳到最高点不能拦击到来球。

动作要领：判断来球后，迅速向左侧后场蹬转侧身，做好击球前的准备。引拍动作、击球动作、击球后的动作同正手击平高球的动作一样。

3. 吊球

将对方击来的高远球还击到对方网前区的击球技术称为吊球。吊球依据动作方法、球的飞行弧线的不同可分为劈吊和轻吊。

（1）劈吊。

动作要领：劈吊用力较小，挥拍时拍面正面向内倾斜，手腕做快速切削下压动作。若劈吊斜线球，则球拍切削球托的右侧，并向左下方发力；若劈吊直线球，则拍面正对前方，向前下方切削。

（2）轻吊（拦截吊）。

动作要领：轻吊用力更轻一些。其手法是拍面正对来球，用拍面将球轻轻一挡，使球以平弧线、较慢速度越过网垂直下落。

4. 杀球

把对方击来的高远球全力向下扣压的击球技术称为杀球。它的特点是力量大、速度快，是进攻的重要技术。

动作要领：准备姿势、击球动作与正手击高远球的准备姿势、击球动作一样，不同的是最后用力的方向朝下，而且要充分利用蹬地、转体收腹及手臂和手腕的爆发力全力将球向下击出，在击球的一刹那要握紧球拍。无论采用哪种动作杀球，都可做重杀、轻杀、长杀、深杀、直线杀和斜线扣杀。杀球时只要通过手腕和手指控制拍面倾斜角度、用力方向和大小，就可以扣杀出不同的球。

5. 平抽球

平抽球是将位于身体左右侧，高度在肩以下、腰以上的球平抽击过去的击球技术。平抽球可分正手平抽球、反手平抽球。

（1）正手平抽球。

动作要领：面对球网，右脚稍在前，两膝微屈，前脚掌着地，右手握拍于体前。右脚稍向前迈出一小步，同时上体稍往右侧转，右臂向右侧上摆。球拍上举，右肘保持一定角度，前臂稍后摆带有外旋，手腕从稍外展至后伸，球拍到后下方。右臂前臂急速往右前方挥动，从外旋转为内旋，球拍由后伸至闪腕，握紧拍柄挥拍抽击球托底部，球拍向左侧顺势盖过去。（图 7–4–10）

图 7–4–10

（2）反手平抽球。

动作要领：准备姿势与正手平抽球的准备姿势基本相同。右脚向前跨一步，身体左

转，右臂前臂往身前收。右肘稍上抬，前臂内旋，手腕外展，球拍引向左侧。右臂前臂往前挥拍的同时外旋，手腕由外展伸直至内收闪腕，手指突然握紧拍柄，拇指前顶，迎球挥拍，从球托的底部盖压过去。（图 7–4–11）

图 7–4–11

6. 平挡球

平挡球是将来球轻挡过网，使球过网后落于对方网前区域内的一种中场击球技术。

（1）正手平挡球。

动作要领：准备姿势与正手平抽球的准备姿势相同。右脚向右侧跨出一步，在跨步的同时球拍向后引，使之对准来球。击球时不必做较大的挥拍动作，只需要借助来球力量，在手腕外展闪动的同时，食指、中指往拇指方向轻轻提拉，靠其余手指突然紧握拍柄产生的力量将球轻挡过网。（图 7–4–12）

图 7–4–12

（2）反手平挡球。

动作要领：准备姿势与反手平抽球的准备姿势相同。球拍向左后方摆，上体稍向左侧闪，左肩向后侧转动，让出适当的击球空位。击球时不必做较大的挥拍动作，只需要借助来球力量以及手腕的内收动作，由屈腕至伸直闪腕，以握紧球拍产生的力量击球托的后底部，把球轻轻地弹击到对方网前区域。（图 7–4–13）

图 7–4–13

7. 推球

推球是在靠近网的上部，将球以低平的弧线击到对方场区的击球技术。

（1）正手网前推球。

动作要领：站在右网前，球拍向右侧前方上举。在右肘微屈回收时，前臂稍外旋，手腕稍向后侧，球拍也随之往右下方后摆，拍面正对来球。这时，小指和无名指稍松开，使拍柄稍离开鱼际肌，拇指和食指向外捻动拍柄，拍面更为后仰。推球时，身体稍往前移，右臂前臂往前伸并带内旋，手腕和手指控制拍面角度，手腕由后伸至伸直并闪腕，食指向前压，小指和无名指突然握紧拍柄，球拍急速地由右经前上方至左挥动推球，使球沿边线飞向对方后场底角。在继续挥拍过程中，球拍回收。（图 7–4–14）

图 7–4–14

（2）反手网前推球。

动作要领：站在左网前，以反手握拍，右臂前臂往前上方伸举。在右臂前臂稍向左胸前收引、肘关节微屈、手腕外展时，变成反手推球的握拍法，球拍松握，反拍面迎球。当右臂前臂前伸并带外旋，手腕由外展到伸直闪腕，中指、无名指和小指突然握紧

拍柄，拇指顶压，往右前方挥拍时，推击球托的左侧后部，使球沿对角线方向飞行。（图 7–4–15）

图 7–4–15

8. **搓球**

搓球是将网前位置的来球运用“搓”“切”等动作回击到对方网前区域附近的击球技术。

（1）正手网前搓球。

动作要领：侧身对右边网前，正手握拍，将球拍举高。两臂抬起，以保持身体平衡，同时身体转向侧面。注意，要伸出左手以保持身体平衡，这一点很重要。当球拍举至最高点时，右臂前臂向外旋，手腕由后转伸至稍内收闪动，握拍手的食指和拇指夹住球拍，中指、无名指和小指轻握球拍柄，使球拍在手腕和手指的挥摆用力下，搓击来球的右下底部。球拍拍面不是像直线那样切过去，而是要稍稍带一点倾斜度，这样才能使球旋转起来，翻滚过网。（图 7–4–16）

（2）反手网前搓球。

动作要领：运用反手上网步法向来球方向移动，击球前的动作同正手网前搓球的动作。右手随步法移动过程调整为反手握拍，前臂举起，手腕前屈，手背约与球网同高，拍面低于网顶，用反拍面迎球。击球时右手腕由展腕至收腕发力，由左至右切击球托的左后侧部位。击球后的动作同正手网前搓球的动作，注意握拍要从反手握拍还原。（图 7–4–17）

图 7–4–16

图 7–4–16（续）

图 7–4–17

9. **勾球**

勾球是将对方击到自己前场区域位置的球还击到与之成对角线位置的对方网前区域内的击球技术。

（1）正手网前勾球。

动作要领：勾球一般采用并步加蹬跨步上网的步法。其准备姿势与正手网前搓球的准备姿势相同。在步法移动的同时，球拍随着右臂前臂往右前上方举起，前臂在前伸的同时稍外旋，手腕微后伸，这时的握拍稍有变化，将拍柄稍向外捻动，使拇指贴在拍柄的宽面上，食指的第二指节贴在与其相对的另一个宽面上，拍柄不触及掌心。击球后，将球拍回收至右肩前。（图 7–4–18）

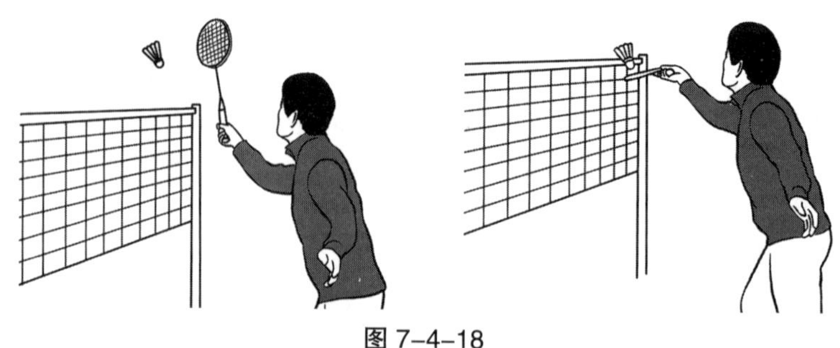

图 7–4–18

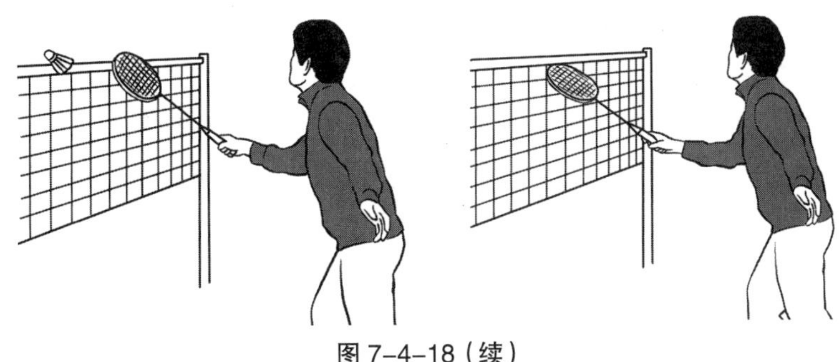

图 7–4–18（续）

（2）反手网前勾球。

动作要领：准备姿势与正手网前勾球的准备姿势相同。在步法移动的同时，右臂向左前方平举（不要完全伸直，肘关节稍弯曲）。击球时，右肘下压，同时前臂稍外旋，手腕由稍屈至后伸闪腕，拇指内侧和中指把拍柄往右侧一拉，其他手指突然紧握拍柄，拨击球托的左侧面，使球沿着对角线飞行。（图 7–4–19）

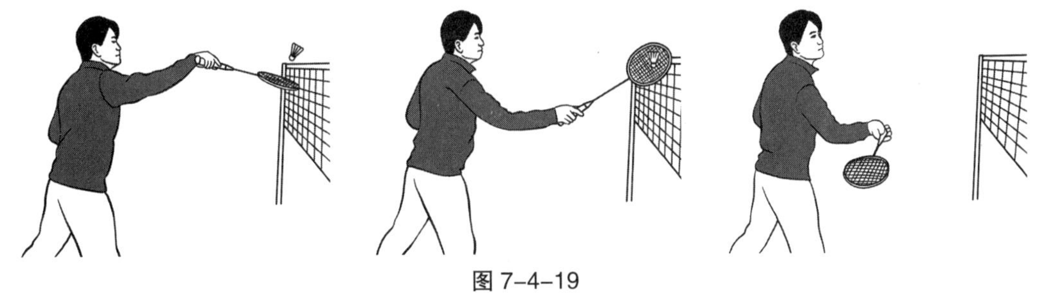

图 7–4–19

10. **扑球**

扑球是在近网稍高处把球以快速直线向下击打到对方场区的击球技术。

（1）正手扑球。

动作要领：迅速移向网前，右脚在前，上体直立。在移动过程中完成击球准备，拍头要过头顶。击球时，随着右臂由屈到伸，手腕由后伸至向前闪动，手指顶压，将球扑下。（图 7–4–20）

图 7–4–20

（2）反手扑球。

动作要领：迅速近网，右脚在前，上体直立。在移动过程中球拍高举过头。向左转动球拍，使拍面正对球网。击球时，右臂伸直外旋带动手腕内收至外展，拇指顶压，加速挥拍扑球。如果来球靠近网，手腕可外展由左向右拉切击球，以免触网。（图 7–4–21）

图 7–4–21

11. 挑球

挑球是把对方击来的吊球或网前球挑高回击到对方后场的击球技术。

（1）正手挑球。

动作要领：正手握拍举在胸前，右脚向右前跨出一大步，左脚在后，侧身向前，重心落在右脚。同时右臂向后摆，自然伸腕，将球拍后引。然后右臂以肘关节为轴，屈臂内旋，并握紧球拍，用食指及手腕的力量，将球向前上方击出。（图 7–4–22）

图 7–4–22

图 7-4-22（续）

（2）反手挑球。

动作要领：反手握拍举在胸前，右脚向左前方跨出一大步，重心落在右脚。同时右肩向网，屈肘引拍至左肩旁。然后右臂以肘关节为轴，握拍经体前由下往上，用拇指第一指节压住拍柄的宽面，用力将球击出。（图 7-4-23）

图 7-4-23

三、羽毛球运动基本战术

这里只介绍单打基本战术。

（一）发球抢攻战术

发球不受对方干扰，发球者可以根据规则，随心所欲地将球发到对方接球区的任意位置。应善于利用多变的发球技术，先发制人，取得主动。以发平快球和网前球相配合，争取创造第三拍的主动进攻机会，就是发球抢攻战术。

（二）攻后场战术

采用重复打高远球或平高球的技术，压对方后场两点，迫使对方处于被动状态，一旦其回球质量不高，便伺机杀球、吊球，一击制敌。

（三）逼反手战术

一般来说，后场反手击球的进攻性不强，球路也较简单。对于后场反手较差的对手要毫不放松地加以攻击其后场。可以先拉开对方位置，使对方反手区露出空当。然后把球打到其反手区，迫使对方使用反手击球。例如，先吊对方正手网前球，对方挑高球，此时以平高球攻击对方反手区。在重复攻击对方反手区迫使其远离中心位置时，可突然吊对角网前球获得进攻机会。

（四）四方球突击战术

以快速的平高球、吊球准确地将球打到对方场区的 4 个角落，迫使对方前后、左右奔跑，当对方来不及回中心位置或失去重心时，可抓住空当和弱点进行突击。

（五）吊、杀上网战术

先在后场以轻杀配合吊球把球下压，落点要选择在场地两边，从而使对方被动回球。若对方还击网前球，便迅速上网搓球或勾球；若对方在网前挑高球，可在其后退途中杀球。

思政课堂

澳大利亚羽毛球公开赛男单首轮——翁泓阳挑落日本选手奈良冈功大

最近一段时间，日本男单选手奈良冈功大对国羽男单来说无疑是最难对付的对手之一，石宇奇与之对阵遭遇了三连败。但在北京时间 8 月 2 日进行的澳大利亚羽毛球公开赛男单首轮较量中，国羽男单选手翁泓阳发挥出色，直落两局击败对手，赢得双方交手的首次胜利。

世界排名第 24 位的翁泓阳，今年最好成绩是 5 月在吉隆坡举行的 2023 马来西亚羽毛球大师赛获得男单亚军，之后状态出现了起伏。近期的美国公开赛和日本公开赛他都止步 16 强。本站比赛首轮面对二号种子、世界排名第 4 的奈良冈功大，翁泓阳积极调动，开场进入状态很快，他用高质量的拉吊，让奈良冈功大陷入全场大范围移动的被动局面，开局迅速以 6 比 2 领先。但奈良冈功大随后加强了突击，在加快节奏打出进攻威胁后，逐渐将比分追到了 10 平。随后，翁泓阳打出一波 4 比 1

的得分小高潮，将领先优势扩大到15比11。尽管顽强的奈良冈功大一度在局末阶段将比分反超，但翁泓阳把握住了关键分，以21比19先声夺人。

第二局，奈良冈功大明显提速，加强了进攻的连贯性。但翁泓阳做了充分准备，防守积极，不仅多次成功防守住对手连续有威胁的杀球，还通过大角度调动，让奈良冈功大出现漏洞，赢得了较多反击的机会，开局以7比2领先。随后经验丰富的奈良冈功大再次作出调整，连得6分，扭转颓势。被动局面中，翁泓阳没有慌乱，在稳住阵脚后，以11比9进入到了技术暂停。之后翁泓阳充分发挥了自己的特点，在高质量的拉吊中连续造成奈良冈功大失误，以21比11锁定胜局，大比分2比0获胜，结束了对奈良冈功大的两连败。

（资料来源：《中国体育报》，2023年8月3日，有改动）

第五节　气排球运动

一、气排球运动概述

（一）气排球运动的起源与发展

气排球运动是我国发明的一项群众性体育项目。1984年，在内蒙古自治区呼和浩特市，集宁铁路分局组织退休老干部进行了一场气排球比赛。这是在我国范围内第一次出现气排球比赛。这一比赛为我国气排球运动的发展拉开了序幕。2014年以前，全国气排球比赛主要由中国老年人体育协会主办，2015年，国家体育总局排球运动管理中心将气排球项目纳入管理范围，由此开始组织全国大众气排球系列活动，气排球比赛逐渐增多，比赛规程和竞赛组织也逐步完善。

（二）气排球运动的特点

气排球运动具有参与人数多、运动量适中、安全系数高、便于开展等特点，还具有良好的竞技健身性和娱乐观赏性，符合当前我国全民健身的生理、心理需求和“健康第一”的指导思想。

二、气排球运动基本技术

（一）准备姿势和移动

准备姿势和移动是气排球运动基本技术之一，属于无球技术，是完成发球、垫球、传球、扣球和拦网等各项有球技术的前提和基础，并在各项有球技术中起串联和纽带作用。准备姿势和移动是相辅相成的，准备姿势主要是为了移动，而要快速移动又必须先做好准备姿势。准备姿势按身体重心高低可分为稍蹲、半蹲和低蹲 3 种，其中半蹲运用得最多。

1. 半蹲准备姿势

半蹲准备姿势是准备姿势中最基本的一种。

动作要领：两脚左右开立，距离略比肩宽，一脚在前，两膝弯曲。脚尖朝前并稍内收，脚跟稍提起，身体重心放在前脚掌上，膝关节保持一定的弯曲。上体前倾，重心靠前，以利于向前及斜前方移动和接起较低的来球。两臂放松，两肘自然弯曲并下垂，双手置于腹前。全身适当放松，并根据球场变化随时调整身体的位置、方向和重心。

2. 移动

移动的目的是保持好人与球的位置关系，以便于击球。移动的常用步法有以下几种。①交叉步。当来球在体侧 3 米左右时，可采用交叉步移动。交叉步的特点是动作快，步子大。采用向右侧交叉步时，上体稍右倾，左脚从右脚前面交叉迈出一步，然后右脚向右跨出一大步，同时身体转向来球方向，保持击球前的姿势。②并步与滑步。当球距身体一步左右时采用并步移动。移动时，如向前移动，前脚向来球方向跨出一大步，后脚蹬地跟上。当来球稍远，并步不能接近球时，可用快速的连续并步。连续并步称为滑步。另外，移动还有跑步、跨步、跨跳步等步法。

（二）发球（以右手击球为例）

发球是指队员在发球区用一只手将自己抛起的球直接击入对方场区的技术动作。发球是气排球运动基本技术之一，也是气排球比赛一项重要的进攻技术。发球可分为正面下手发球、侧面下手发球、正面上手发球、勾手大力发球等。随着气排球运动的发展，发球技术也在不断地提高与创新。

1. 正面下手发球

动作要领：面对球网，两脚前后开立，左脚在前，两膝微屈，上体稍前倾，重心偏于右脚，左手持球于腹前。发球时将球抛起在体前右侧，离手约 20 厘米高。抛球前，右臂伸直，以肩为轴向后摆动。击球时，右脚蹬地，身体重心随着右手向前摆动击球移至左脚上，在腹前以手掌击球的后下方。手触球时，手指手腕紧张，手成勺形。击球后，队员迅速进入场地。（图 7–5–1）

图 7–5–1

2. **侧面下手发球**

动作要领：左肩朝向球网，两脚左右开立，距离与肩同宽，两膝微屈，上体前倾，重心落在两脚之间，左手持球于腹前。发球时，左手把球平稳地抛送于胸前，距身体约一臂远，离手约30厘米高。在左手抛球的同时，右臂摆至右侧后下方，接着利用右脚蹬地向左转体的力量带动右臂向前上方摆动，在腹前用手掌击球的右下方。（图7–5–2）

图7–5–2

3. **正面上手发球**

动作要领：面向球网，两脚自然开立，左脚在前，左手托球于身前，用抬臂和手掌平托上送，将球平稳地垂直抛于右肩的前上方，高度要适中。在左手抛球的同时，右臂抬起，屈肘后弓，肘与肩平，抬头、挺胸、收腹，上体稍向右侧转动，身体重心移至右脚。击球时，上体利用蹬地向左转动，同时收腹带动右臂挥动，在右肩上方伸臂至最高点，用手掌击球中下部。击球时，手腕主动做推压动作，使击出的球成上旋飞行。

4. **勾手大力发球**

动作要领：发球前，左肩对网，两腿稍屈，自然开立，双手持球于腹前。抛球时，左手将球垂直、平稳地抛至头的左前上方1米左右，同时身体重心下降，挺胸抬头看球。击球时，右脚用力蹬地，利用向左移重心和转体动作，带动右臂协调、自然地向上做弧形摆动，用手掌击球的后下部。

（三）垫球

垫球是通过手臂或身体其他部位的迎击动作，使球从垫击面反弹出去的击球动作。垫球技术有正面双手垫球、体侧垫球、背垫球、跨步垫球、让垫、挡球、单手垫球、前扑垫球、滚翻垫球、鱼跃垫球等。

正面双手垫球的基本动作：采用半蹲准备姿势。当球飞来时，双手成垫球手形，手腕下压，两臂外翻形成一个平面。当球飞到腹前一臂距离时，两臂夹紧前伸，插到球下，向前上方蹬地抬臂，迎击来球，利用腕关节以上10厘米左右处的桡骨内侧平面击

球的后下部，身体重心随击球动作前移。击球点保持在腹前一臂距离。（图 7–5–3）

图 7–5–3

（四）传球

传球是气排球运动基本技术中重要的技术之一。传球技术分为正面双手传球、背传、侧传、跳传。气排球比赛中二传技术是传球技术的主要运用。二传的任务在于对一传进行调整，以便组织多种进攻战术，是防守转入进攻的枢纽。

正面双手传球的基本动作：双手相对成半球形置于脸前，一般在额前上方 20 厘米处。触球瞬间，手指和手腕保持一定的紧张度，以增加弹性和产生适当缓冲。同时，向前上方伸臂，配合两脚蹬地和身体伸展的协调动作将球传出。（图 7–5–4）

图 7–5–4

（五）扣球

扣球是队员起跳后，在空中将高于球网上沿的球有力地击入对方场区的击球动作。扣球技术分为正面扣球、单脚起跳扣球、双脚冲跳扣球、小抡臂扣球、勾手扣球、扣各

种战术球。正面扣球是基本的扣球技术。（图 7–5–5）

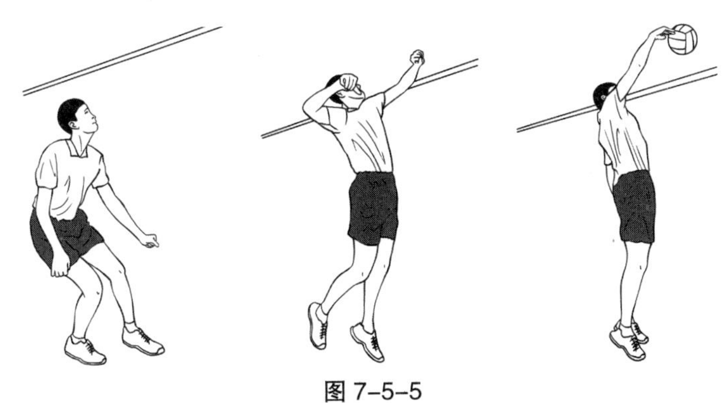

图 7–5–5

正面扣球有以下几个技术环节（以右手扣球为例）。

（1）准备姿势：采用稍蹲准备姿势，两臂自然下垂，随时做好助跑起跳扣球的准备。

（2）助跑起跳：左脚在前，右脚向前跨出一大步，同时重心落在右腿上，左脚迅速并在右脚前，脚尖内扣，同时两臂绕体侧后引，在左脚制动踏跳过程中，两臂积极向前摆动。伴随两脚蹬地的力量，两臂挥至肩上方。

（3）空中击球：在空中挺胸、展腹、转体，右臂向后上抬起，身体成反弓形。通过收腹、转体的力量，带动肩关节、上臂、前臂和手依次鞭打击球。击球时五指张开成勺形并保持适度紧张，用手掌击球的后中部，同时主动甩腕用力向前推压。

（4）落地：击球后，两脚落地，前脚掌先落地，依次过渡到全脚掌，顺势屈膝缓冲下落的力量。

三、气排球运动基本战术

气排球运动基本战术是场上队员在比赛中根据气排球规则、气排球运动的规律及双方的具体情况和临场的发展变化，有意识地运用技术配合，所采用的有目的、有预见性的行动。

（一）阵容配备

1. 三二配备

三二配备即安排 3 名进攻队员和 2 名二传队员。这种配备适用于竞技水平中上的气排球队伍。这种配备的优点在于每个轮次上都有固定的二传队员，便于协调轮次上的攻防组织；缺点在于前排只有 1 名主攻手，减小了进攻的力度，拦网的力度也不够，所以不能适应高水平球队的要求。

2. 四一配备

四一配备即安排 4 名进攻队员和 1 名二传队员。这种配备的优缺点是非常鲜明的：优点在于每个轮次都有 4 个进攻点，有利于统一指挥、相互配合，能够更好地控制比赛，使得进攻战术富于变化，并且增强了拦网的力量，战术配合灵活性较强，进攻隐蔽性强；缺点在于当二传队员轮转到后排时，难以协调拦网及跟进保护的配合。目前这种配备形式仅被水平很高的球队采用。

（二）个人战术

个人战术是指在集体战术配合的基础上，队员根据个人的特点和战术的需要，巧妙地运用个人技术的变化，以达到有效的进攻和防守的目的的行动。个人战术有发球、一传、二传、扣球、拦网及防守等。

1. 发球个人战术

任务：在观察和分析对方的具体情况后，有针对性地采用不同的发球战术，先发制人。

常用的发球战术有加强发球的性能、控制发球落点、改变发球的方法等。

2. 一传个人战术

任务：在第一次接对方来球时采用有目的、有意识的击球动作，方便组织本队战术。

常用的一传战术有组织快攻的低弧度一传、组织强攻的高弧度一传、突袭对方空当的一传。

3. 二传个人战术

任务：有效地组织进攻战术，给扣球队员创造有利的进攻条件，突破对方拦网。

常见的二传战术有集中与拉开、近网与远网、升点与降点传球、声东击西与假动作、突然把球传入对方场区。

4. 扣球个人战术

任务：根据对方拦网和防守情况，选择合理扣球技术和路线，有效突破对方防御。

常见的扣球战术有扣球线路变化、扣球动作变化。

5. 拦网个人战术

任务：根据对方扣球的情况，利用时间、空间等变化因素，用不同手法阻拦对方进攻。

常见的拦网战术有侧跳拦直线、直跳拦斜线、改变拦网手位置、空中撤手。

6. 防守个人战术

任务：选择有利位置，采用合理的接球动作，按战术要求把球防下来。

常见的防守战术有根据进攻点、进攻手段采用相对合理的防守站位及手形。

（三）集体战术

集体战术是指队员在比赛中，为了突破对方防守或抑制对方进攻，灵活地运用合理的攻防技术，按照一定的形式，采取有目的、有组织、有针对性的集体配合行动。

1. 防守阵形

（1）接发球阵形。

常见的接发球阵形有三人接发球和四人接发球。

三人接发球主要用于减少场上某一名一传能力较差或有其他特殊战术安排的队员的

防守面积。

四人接发球是4名防守队员面向3号位成小弧形站位。这样的阵形好处在于可控制场上的防守空当，便于把球接起。

（2）接扣球防守阵形。

接扣球防守阵形由前排拦网与后排防守组合而成，根据拦网的人数可以分为无人拦网、单人拦网、双人拦网、三人拦网4种阵形。后排防守常用的是“活跟”“内撤防守”“双卡防守”。

活跟是由排球的“心跟进”和“边跟进”演化形成的。这种防守阵形比较灵活，多针对对方的战术球来防守。

内撤防守多用于防守对方开网的进攻，不便扣小斜线球时使用，可以弥补“心空”弱点，缺点是内撤保护的队员不便转入反攻。

双卡防守多用于对方以吊球和轻扣为主时，可以加强前区的防守，但后方空当太大。

2. 进攻阵形

进攻阵形即进攻时采用的组织形式。合理的进攻阵形有助于某些集体战术的组织。因为气排球规则的特殊性，在进攻时已经不分前排、后排，所以需要气排球的阵形更能发挥战术价值。进攻阵形可分为“中二三”进攻阵形、“边二三”进攻阵形和“插三二”进攻阵形。

（1）“中二三”进攻阵形：“中二三”进攻阵形是指由前排3号位队员担任二传队员，其他队员将球垫、传给二传队员，再由二传队员传球给4号位队员、2号位队员或后排2名队员进攻。这种战术配合方法称为“中二三”进攻阵形。

这种阵形是气排球战术中最基础、最简单的一种进攻阵形。其特点是二传队员位置居中，距离场上各个位置都比较近，一传的目标明确，二传队员也易于接应，加之战术配合简单，因此便于进攻。缺点是战术配合方法少，进攻点较清楚，战术意图易被对方识破，对方容易组成集体拦网。

（2）“边二三”进攻阵形：“边二三”进攻阵形是指由二传队员站在2号位与3号位之间，其他队员将球传、垫给二传队员，再由二传队员将球传给4号位、3号位、2号位及后排队员进攻。

“边二三”进攻阵形比较简单，容易掌握，但由于对一传、二传队员的要求都较高，因此组织“边二三”进攻阵形要比组织“中二三”进攻阵形的难度大，其战术配合也较为复杂。“边二三”进攻阵形中进攻队员位置邻近，便于进行相互掩护的进攻配合，可以组织较多的快变战术，有利于后排进攻队员的掩护。因此，“边二三”进攻阵形的突然性和攻击性要比“中二三”进攻阵形大。

（3）“插三二”进攻阵形：后排的队员插到前排2号位、3号位之间担任二传队员，其他队员将球传、垫给二传队员，再由二传队员将球传给4号位、3号位、2号位及后排队员进攻。这种战术称为“插三二”进攻阵形。

高水平球队多采用“插三二”进攻阵形。“插三二”进攻阵形的最大特点是前排能保持 3 名进攻队员，同时增强了拦网的力度，而且可以利用球网的全长，有利于发挥进攻队员的多种互相掩护战术配合，加上后排的一个点进攻，形成多方位、前后交错的“立体进攻”，更有利于突破对方的防线。因此，“插三二”进攻阵形更具突然性和攻击性。“插三二”进攻阵形的缺点在于对插上的时间、一传的能力要求较高。

思政课堂

中国西昌·2022 萨马兰奇杯气排球邀请赛本月举行

原定于 2022 年 12 月举行的中国西昌·2022 萨马兰奇杯气排球邀请赛延至 2023 年 3 月 4 日至 3 月 10 日在四川省西昌市举行，吸引了来自全国 25 个省、自治区、直辖市的气排球爱好者参加，共设立青年男子、青年女子、中年男子、中年女子、老年男子、老年女子 6 个比赛组别。所有赛事将在凉山州国际网球中心和凉山州民族体育馆举行。据赛事主办方之一的萨马兰奇体育发展基金会介绍，本次赛事从 2023 年 2 月 8 日开启报名通道后，在 5 天的报名时间内收到了来自 298 支球队的报名申请。在首届赛事成功举办的基础上，此赛事还增设了青年男子和青年女子两大组别，吸引不同年龄层的运动员参加。该赛事独创的“奥运藏品展”“校园公益行”“奥林匹克大讲堂”等体育文化配套活动也成为赛事的独特亮点，让体育运动与奥林匹克文化相得益彰。

（资料来源：中国新闻网，2023 年 3 月 3 日，有改动）

考核测评

简述足球运动基本技术

姓名：	院（系）：	学号：	日期：
得分：			
体育教师签字：			日期：

第八章　形体运动

第一节　健美操

一、健美操概述

健美操是在音乐伴奏下进行各种不同类型的操化动作。它融体操、舞蹈、音乐于一体，以身体练习为基本手段，以有氧运动为基础，从而达到增进健康、塑造形体和娱乐身心的目的。

现代健美操起源于20世纪60年代末的美国。20世纪70年代末，健美操发展成为一项独立的体育运动项目，风靡世界。20世纪80年代初，健美操传入我国，受到了青年学生的喜爱，并在高校和社会上普及开来。随后，北京、上海、广州等地相继举办了各种健美操活动，同时，结合我国的实际情况创编出各种各样的徒手健美操和持轻器械健美操，极大地推动了我国健美操运动的发展。

二、健美操的分类

根据健美操练习的目的和任务，健美操可分为竞技健美操和健身健美操。（表8–1–1）

表8–1–1　健美操的分类

分类		内容
竞技健美操	自选竞技健美操	男子、女子单人操 混合双人操 集体三人操、集体六人操
	规定动作健美操	国家规定的成套动作
健身健美操	徒手健美操	有氧健身操、拉丁健身操、搏击操
	轻器械健美操	踏板操、哑铃操、健身球操、橡皮筋操
	特殊场地健美操	水中健美操、固定器械健美操

（一）竞技健美操简介

竞技健美操虽然起源于传统的有氧健美操，但作为一种竞技项目，它有着特定的比赛规则和评分方法。竞技健美操要求运动员能够在音乐的伴奏下，完成连续复杂的、高强度的成套动作，对人的身体素质、技术技能和艺术表现能力等有较高的要求。竞技健美操的比赛规则对每一个环节做出了详细的说明，对人数、场地、时间、服装等都有专门的规定。竞技健美操的比赛项目分为男子单人操、女子单人操、混合双人操、集体三人操（3 名队员性别任选）、集体六人操。

（二）健身健美操简介

健身健美操以有氧运动为主，锻炼形式多种多样，包括拉丁健身操、搏击操、水中健身操等，适合大众练习。

三、健美操的基本动作

健美操的基本动作是指动作中最主要、最基础的部分，其他所有动作都是以此为基础产生和发展出来的。

（一）基本手形

健美操的多种手形是从爵士舞、西班牙舞、迪斯科、武术中吸收和发展的。

健美操的基本手形有掌和拳。

（1）开掌：五指用力伸直张开。（图 8–1–1）

（2）并掌：五指并拢伸直。（图 8–1–2）

（3）拳：五指弯曲紧握，拇指压在食指、中指的第二关节上。（图 8–1–3）

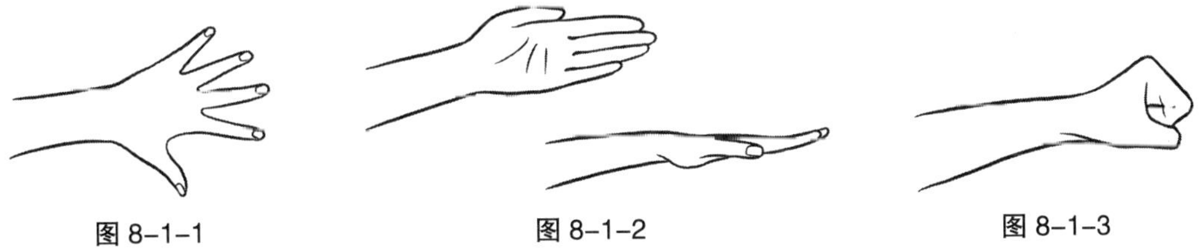

图 8–1–1 图 8–1–2 图 8–1–3

（二）头颈动作

头颈动作包括屈、转、绕与绕环等动作。做各种形式的头颈动作时，节奏要慢，上体保持正直，充分伸展颈部的被动肌群。（图 8–1–4）

（三）肩部动作

肩部动作包括提肩、沉肩、绕肩、肩绕环等动作。提肩时要尽量向上，沉肩时要尽

量向下，动作幅度要大而有力；绕肩时上体不能摆动，头与颈不能前探。（图 8–1–5）

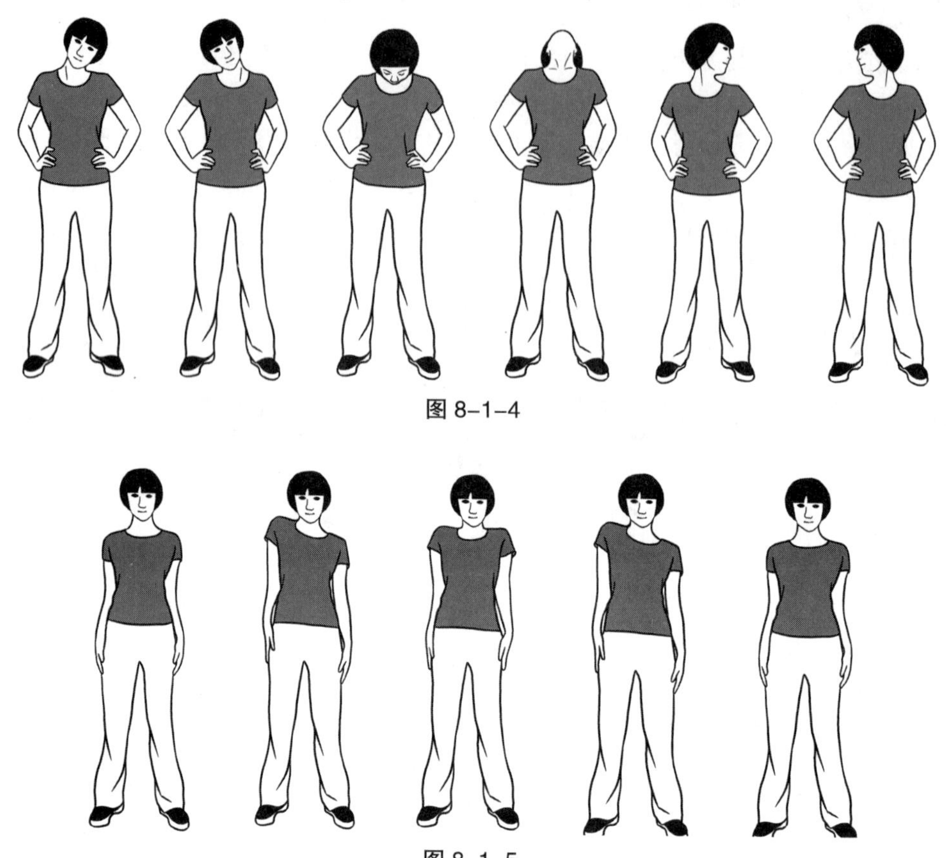

图 8–1–4

图 8–1–5

（四）臂部动作

臂部动作包括举、屈、伸、摆、绕、绕环、振、旋等动作。做臂部动作时，上体保持正直，动作位置要准确，幅度要大，臂部力求伸展到身体的最远端。（图 8–1–6）

图 8–1–6

图 8-1-6（续）

（五）胸部动作

胸部动作包括含胸、展胸、移胸等动作。练习时，收腹、立腰，胸的动作幅度要达到极限。（图 8-1-7）

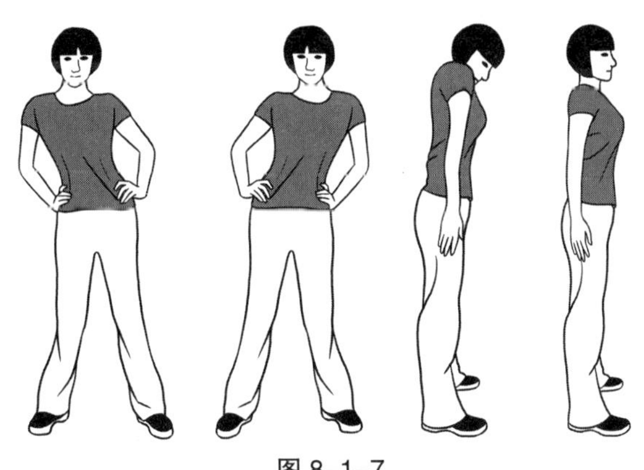
图 8-1-7

（六）腰部动作

腰部动作包括屈、转、绕、绕环等动作。做腰部动作时，身体远端尽力向外延伸；

前屈、转时，上体立直；绕和绕环时，速度放慢，动作要充分及连贯。（图 8–1–8）

图 8–1–8

（七）髋部动作

髋部动作包括顶髋、提髋、绕髋和髋绕环等动作。练习髋部动作时，上体放松，髋关节应平稳、柔和、协调，并稍带弹性。（图 8–1–9）

（八）基本步法

健美操的基本步法是体现健美操练习者下肢动作基本姿态的主要手段。

（1）踏步：两腿交替，不间断地做屈膝上提然后踏地的动作。踏步动作包括脚尖不离地的踏步、脚离地的踏步、高抬腿的大幅度踏步。

（2）交叉步：一脚向另一脚前或后交叉行进。

（3）滚动步：从前脚尖至全脚掌依次落地，两脚交替做。

（4）点弓步：一脚向侧成弓步，另一脚跟进并拢，交替进行。

（5）吸腿跳：单腿跳起，同时另一腿屈膝向前、向侧上提。

（6）踢腿跳：单腿跳起，同时另一腿伸直向前、向侧踢出，包括小幅度和大幅度的踢腿。

（7）后踢腿跳：两脚交替有短暂腾空过程（类似跑步），小腿向后屈。

（8）弹踢腿跳：单腿跳起，同时另一腿屈膝向前、向侧弹踢。

（9）开合跳：并腿跳起，分腿落地，然后分腿跳起，并腿落地。

（10）弓步跳：并腿跳起，落地时成前（侧、后）弓步。

图 8–1–9

思政课堂

2023 年“庐山杯”全国健美操锦标赛开幕

近日，由国家体育总局体操运动管理中心、中国健美操协会主办，江西省体育局、九江市人民政府联合主办，江西省体操协会、九江市体育局承办，江西师范大学、九江市文旅集团等单位协办的 2023 年“庐山杯”全国健美操锦标赛开幕式在九江市体育中心体育馆举行。

国家体育总局体操运动管理中心相关领导在开幕致辞中指出：“中国正在由体育大国向体育强国迈进，全民健身已经上升为国家战略，体育所承载的功能和责任，不仅仅体现为奥运赛场上的争金夺银，更体现在对群众体育和全民健身活动的关注，对‘发展体育运动，增强人民体质’的贯彻执行上。”本次赛事作为江西省首次举办的全国健美操锦标赛，同样也是今年以来江西省首次举办的国家级 A 类体育赛事，受到了省委、省政府的高度重视、精心组织，主办方致力于将赛事办成一届“简约、安全、精彩”的体育盛会。目前，本次比赛已吸引了来自全国25个省、自治区、直辖市近1800人报名参赛，创下了全国健美操锦标赛参赛人数的新高。

（资料来源：央广网，2023年8月3日，有改动）

第二节　瑜伽

一、瑜伽概述

“瑜伽”一词来自印度古代梵文，是梵文“yoga”的译音。在我国，越来越多的人从了解瑜伽、参与瑜伽，到喜爱瑜伽，并把瑜伽作为生活的一部分。同时，瑜伽正走进课堂，逐步成为大学生喜爱的体育锻炼项目之一。

二、瑜伽呼吸法

（一）胸式呼吸

取仰卧或瑜伽坐姿。吸气时，肋骨慢慢向外扩张，胸廓张开，将空气通过呼吸道吸入肺部。当吸气加深时，腹部向内收紧，将吸入的气集中在胸腔。呼气时，肋骨收紧，胸廓还原，慢慢将肺内浊气呼至体外。

（二）腹式呼吸

取仰卧或瑜伽坐姿。吸气时，胸廓保持不变，腹部肌肉放松、向外扩张。随着吸气的加深，膈肌下降，腹内脏器下移，小腹慢慢鼓起。呼气时，腹部收紧，膈肌升起，把肺内浊气完全排出，内脏器官恢复原位。仰卧姿势、俯卧姿势的瑜伽练习，多采用腹式呼吸。

（三）混合式呼吸

这是胸式呼吸和腹式呼吸结合在一起的自然呼吸方式。吸气时，从腹式呼吸过渡到胸式呼吸。呼气时，按相反的顺序，先放松胸廓，再放松腹部慢慢呼出浊气。混合式呼吸适用大部分的瑜伽练习。

三、瑜伽冥想姿势

（一）简易坐

方法：坐下，两腿前伸。左脚压在右腿下方或右腿压在左腿下方。挺直脊柱，紧收下颌。（图 8–2–1）

（二）金刚坐

方法：两膝跪地靠拢，两脚紧靠，使两脚跟向外指，臀部坐在两脚跟之间。挺直脊柱，紧收下颌。（图 8–2–2）

图 8–2–1

图 8–2–2

（三）半莲花坐

方法：坐下，两腿前伸。屈左腿让左脚跟顶紧右大腿内侧，再屈右腿把右脚放在左大腿腹股沟处。挺直脊柱，紧收下颌。（图 8–2–3）

（四）莲花坐

方法：坐下，两腿前伸。屈右腿放在左腿腹股沟处，再扳过右小腿把脚放在右腿腹股沟上方，两脚掌朝天。挺直脊柱，紧收下颌。（图 8–2–4）

图 8–2–3

图 8–2–4

四、初学者瑜伽姿势

（一）下犬式

方法：俯卧，两手放于胸部两侧。两脚分开与髋同宽，脚跟踩下触地。吸气延展脊柱，手脚位置不动。呼气，手推，骨盆后移，躯干抬起，身体呈现为三角形。保持 3~5 组呼吸。（图 8–2–5）

图 8–2–5

（二）三角伸展式

方法：取站立式，两腿分开比肩宽，两臂向两侧平伸，与地面平行。呼气时，腰向右侧弯，弯腰过程中要保持两臂与躯干成直角。右手扶右脚，左臂上展。吸气，身体向上直立。呼气，放下两臂，身体还原。（图 8–2–6、图 8–2–7）

图 8–2–6

图 8–2–7

（三）侧角伸展式

方法：取三角基本式站立，右脚尖转向右侧，吸气。呼气时，弯曲右膝，上体缓缓向右侧弯曲，右手扶右脚，左臂向上伸直。左臂尽量向侧平伸，同左侧腰、髋部形成一条直线。（图 8–2–8 至图 8–2–10）

图 8–2–8

（四）蹲式

方法：两腿开立，两脚间距 60 厘米，两手五指体前交叉，挺直腰背。呼气时，身体慢慢下蹲 30 厘米。下蹲时膝关节应指向两侧，打开髋部。吸气，直立还原。呼气时，再慢慢下蹲至两大腿与地面平

行的距离。吸气，直立还原。再次呼气，完全下蹲到自己的极限。吸气，直立还原。（图 8–2–11 至图 8–2–14）

图 8–2–9

图 8–2–10

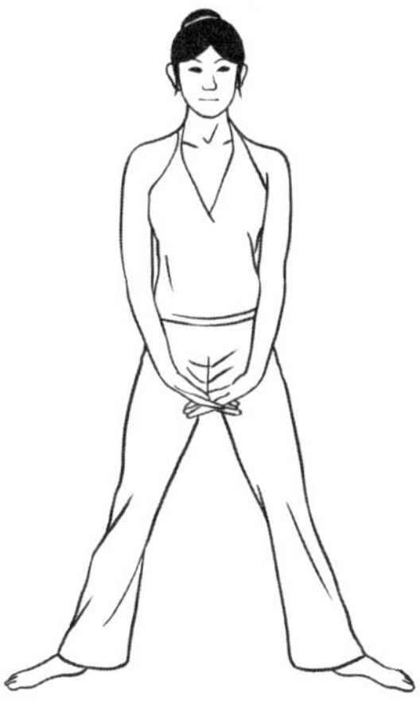

图 8–2–11

图 8–2–12

图 8–2–13

图 8–2–14

（五）猫弓背式

方法：跪坐。吸气时，抬起臀部，两手撑地，肩部放平。吸气时，收紧背肌，腰腹部下沉，翘起臀部，抬头后仰。呼气时，收缩腹肌，含胸拱背，低头，下巴尽量靠近胸部。（图 8–2–15 至图 8–2–17）

图 8–2–15

图 8–2–16

图 8–2–17

（六）虎式

方法：身体成猫弓背式基本式姿势。吸气时，右腿缓慢向上抬起至最高点，头部后仰。呼气时，颈部放松，头部回收，拱起背部，紧缩腹部，右腿落下屈起，下颌触右膝。（图 8–2–18 至图 8–2–20）

图 8–2–18

图 8–2–19

图 8-2-20

（七）骆驼式

方法：跪在地上，两小腿略分开，两手叉腰。吸气时，身体慢慢后仰。呼气时，两手扶两脚跟，颈部放松后仰，髋部前送，脊柱向前推，尽量让大腿同地面垂直。（图 8-2-21、图 8-2-22）

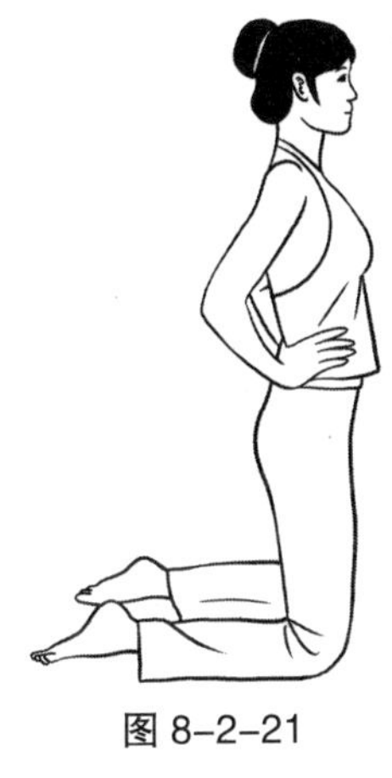

图 8-2-21

图 8-2-22

（八）鸽王式

方法：屈右膝，左腿向后伸直，左腿屈膝向上，用左肘揽住。左手和右手体前相扣，两臂保持相扣的环状向头后伸去，吸气。呼气时，头向右侧转，挺胸，收紧侧腰肌，保持正常呼吸。（图 8-2-23 至图 8-2-25）

图 8-2-23

图 8-2-24

图 8-2-25

思政课堂

健身瑜伽走向成熟

随着全民健身理念的进一步深入，人们对身体锻炼尤为关注，习练健身瑜伽既能够调整心态、放松肌肉，还能提升人的内在气质与修养，保持青春，因此颇受关注。

勤练健身瑜伽能够促进代谢，使身体得到锻炼。健身瑜伽就是以传统瑜伽为参考，结合我国国情与大众健身需求研究制定的。

近年来，瑜伽运动备受群众喜爱，尤其是受到青年女性的青睐，各级体育部门也越发重视瑜伽项目的管理和推广，国家体育总局社会体育指导中心相继审定、修订了《健身瑜伽体位标准》《中国健身瑜伽段位制（实行）》等，进一步规范指导瑜伽行业在国内的健康发展。

随着人们的物质生活水平不断提高，生活节奏变快，压力变大，人们需要寻找一种新的方式来排解压力，舒缓心情，而健身瑜伽的功能恰好满足了这一点。以湖北省为例，省内各级健身瑜伽赛事活动丰富，湖北省健身瑜伽公开赛、湖北省健身瑜伽锦标赛及省内各市州等的各级体育部门和协会相继举办各类健身瑜伽赛事活动，尤其是湖北省第十六届运动会健身瑜伽比赛的举办，对健身瑜伽项目发展具有里程碑式意义，这是健身瑜伽项目首次被纳入湖北省运动会的单项竞赛，也是全国首次将健身瑜伽作为单项竞赛纳入省运动会比赛项目。

此外，湖北省瑜伽协会自 2019 年开始开设健身瑜伽等级裁判员、社会体育指导员等的培训活动，其中健身瑜伽等级裁判员的培养实现了突破，在裁判员梯队建设上取得成效。截至目前，湖北省瑜伽协会中注册在案的等级裁判员已达 200 余名。湖北省瑜伽协会还组织开展了健身瑜伽公益类“五进”活动，即“进校园、进社区、进机关、进企业、进家庭”等公益活动，提供教学指导、展演等服务，深受群众喜爱。

（资料来源：《中国体育报》，2023 年 3 月 15 日，有改动）

考核测评

简述健美操的分类

<table>
<tr><td>姓名：</td><td>院（系）：</td><td>学号：</td><td>日期：</td></tr>
<tr><td colspan="4"></td></tr>
<tr><td colspan="4">得分：</td></tr>
<tr><td colspan="3">体育教师签字：</td><td>日期：</td></tr>
</table>

第九章　武术与技击

第一节　武术基本动作

一、手形

武术手形见图 9–1–1。

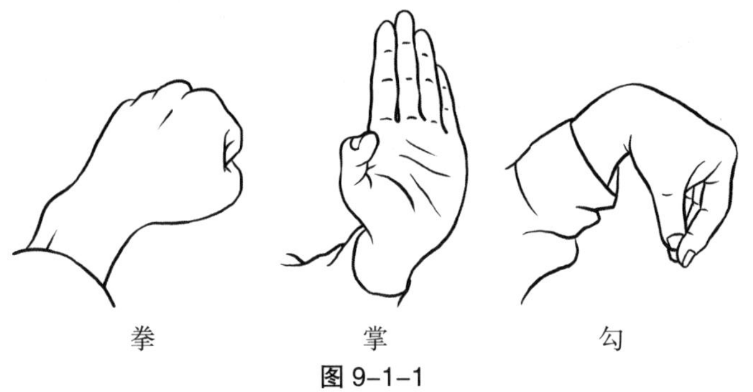

图 9–1–1

二、手法

武术手法见图 9–1–2。

三、步形

武术步形见图 9–1–3。

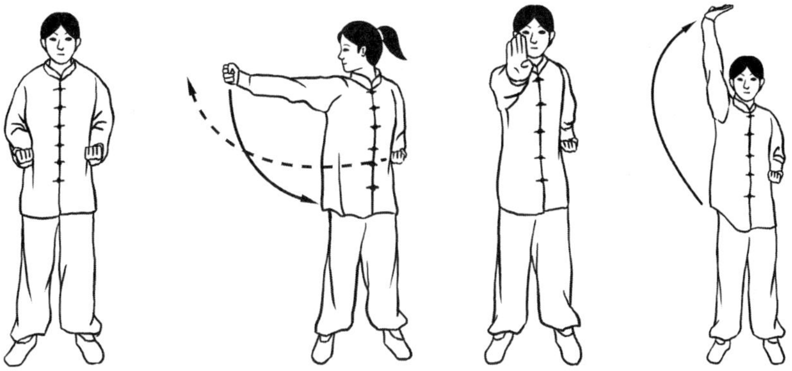

抱拳　侧冲拳　前冲掌　亮掌

图 9–1–2

弓步　马步　仆步

歇步　虚步

图 9–1–3

四、腿功

武术腿功见图 9–1–4。

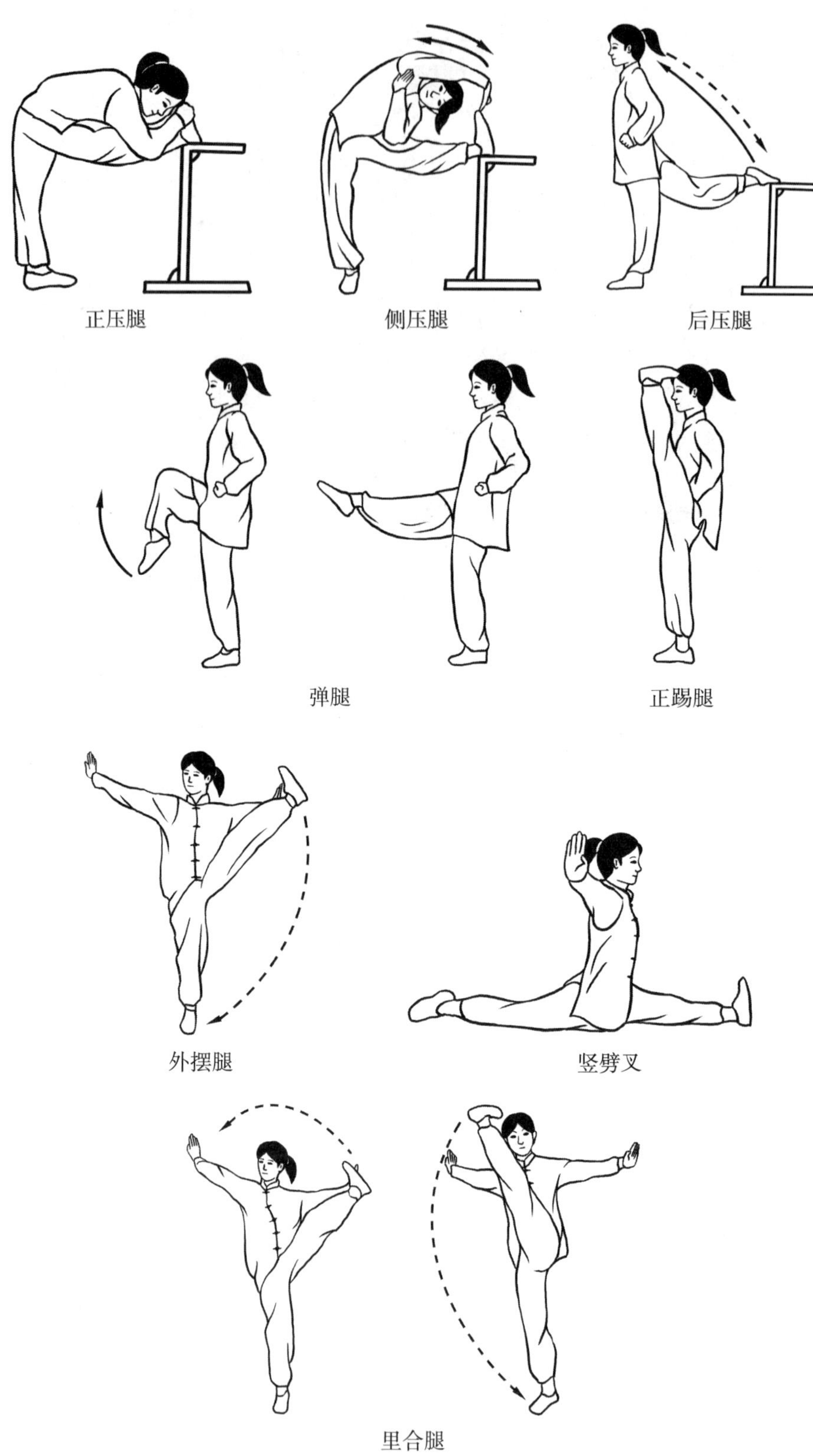

图 9-1-4

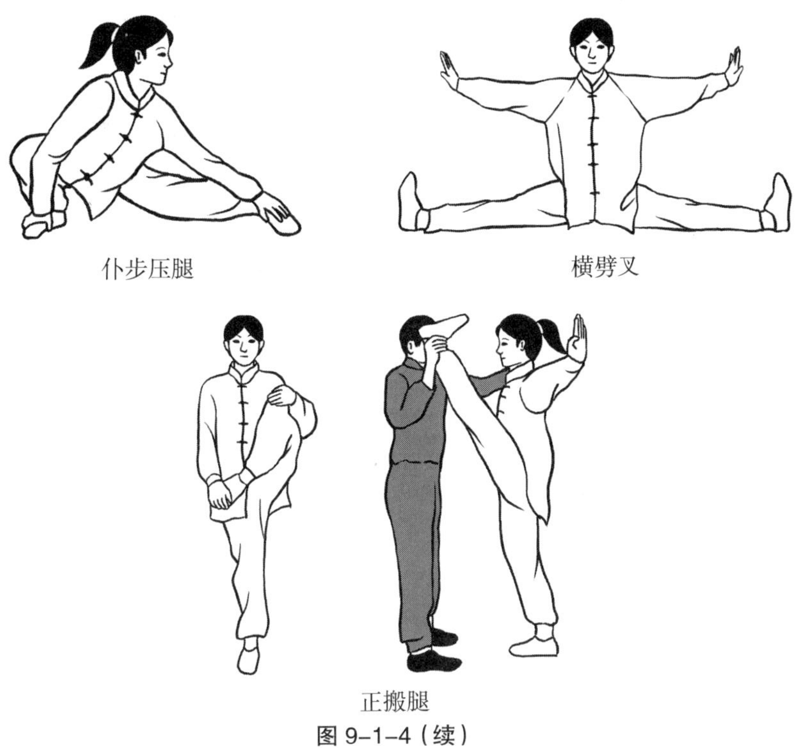

仆步压腿　　横劈叉

正搬腿

图 9–1–4（续）

五、腰功

武术腰功见图 9–1–5。

俯腰　　甩腰

图 9–1–5

涮腰

图 9-1-5（续）

六、肩功

武术肩功见图 9-1-6。

压肩

握棍转肩

图 9-1-6

单臂绕环

图 9–1–6（续）

第二节　长拳

一、长拳概述

长拳历史悠久，最早见载于明代戚继光所著《纪效新书·拳经捷要篇》中："古今拳家，宋太祖有三十二势长拳。"明代程宗猷著《耕余剩技·问答篇》载："……长拳有太祖温家之类，短打则有绵张任家之类。"这表明明代已有长拳称谓。现代长拳是武术拳种中的一大类别，是多种拳术的统称，是在吸取了查拳、华拳、花拳、少林拳等诸拳种之长的基础上形成的新兴拳种。长拳的动作特点是：舒展大方、快速敏捷、节奏分明、击长搏远，并多起伏转折、蹿蹦跳跃，具体表现为手快捷、眼明锐、身灵活、步稳固、精充沛、气下沉、力顺达、功纯青，四击合法，以形喻势。长拳在技击上强调：长击速打，先发制人，以快制慢，以刚为主。

二、长拳基础套路

（一）第一段

预备势

身体直立，两手垂于身体两侧。（图 9–2–1）

1. 腹前对拳

两手握拳，拳面相对，视线看向左侧。（图 9–2–2）

2. 并步抱掌

左脚向左横跨一小步，左拳收于腰间，右拳变掌，在头顶向下劈掌至左腋前，同时右脚向左并拢。（图 9–2–3）

3. **提膝亮掌**

两手为掌，左手向上托与肩平，右手向外推，同时提左膝。（图 9–2–4）

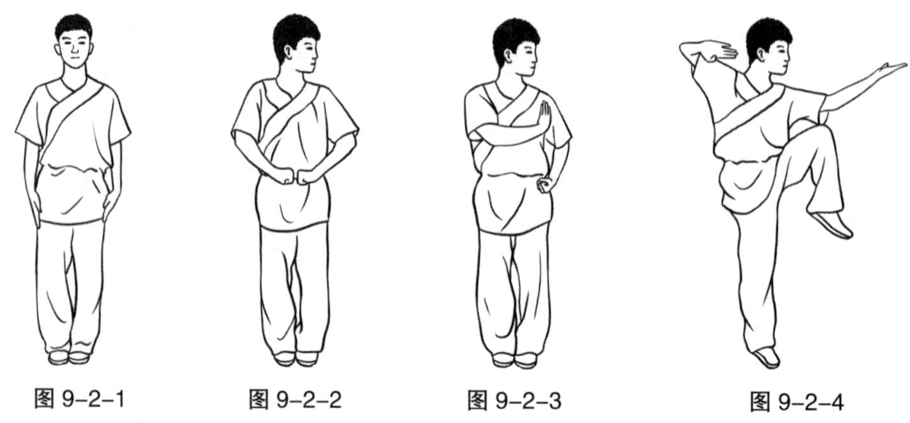

图 9–2–1　图 9–2–2　图 9–2–3　图 9–2–4

4. **弓步推掌**

左脚向前落地成左弓步，左掌放于左膝上，右掌向前推出。（图 9–2–5）

5. **弹腿推掌**

左掌推出，右掌收于腰间，同时弹出右腿。（图 9–2–6）

6. **虚步勾手**

右脚落地后，左脚探出成虚步，右掌收至左腋下，同时勾左手。（图 9–2–7）

图 9–2–5　图 9–2–6　图 9–2–7

7. **提膝勾手**

左勾手由右下方滑行至左上方，右掌不动，同时提左膝。（图 9–2–8）

8. **弓步架掌**

左脚落地，右掌从内侧向右上方架挡，左勾手不动，同时跨出右脚，成右弓步。（图 9–2–9）

9. **歇步挑掌**

左勾手变掌挑至身前，右掌变拳移至腰间，同时撤右腿于左腿后，成歇步。（图 9–2–10）

10. **并步冲拳**

右拳冲出，左掌置于右腋，同时并右脚，成直立。(图 9–2–11)

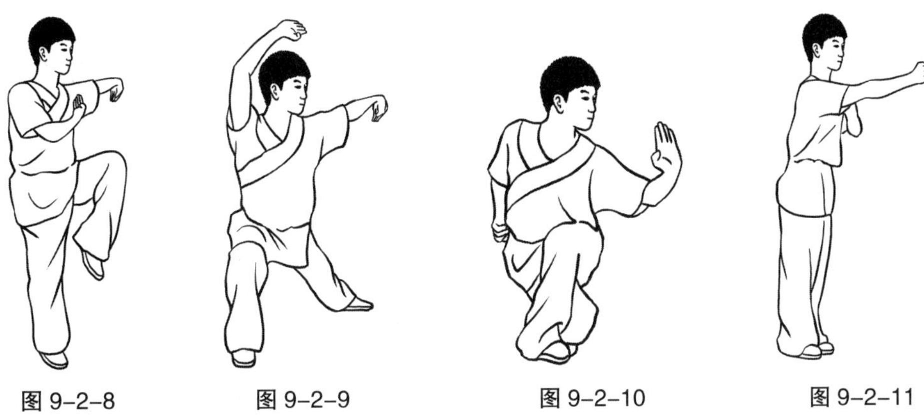

图 9–2–8　　图 9–2–9　　图 9–2–10　　图 9–2–11

11. **弹腿冲拳**

左掌变拳冲出，右拳收于腰间，同时弹出右腿。(图 9–2–12)

12. **搂膝插掌**

右脚落地后，迅速提左膝，右拳变掌从左膝前划过。(图 9–2–13)

左脚横跨向左成左弓步，同时向右斜下方刺出右掌，于斜后上方勾出左手。(图 9–2–14)

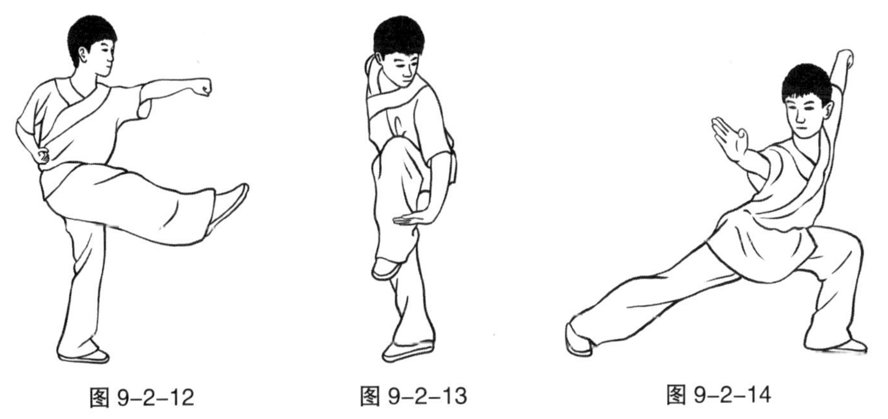

图 9–2–12　　图 9–2–13　　图 9–2–14

13. **弓步勾手**

撤右脚成左弓步，同时探出左勾手，右掌置于左腋。(图 9–2–15)

14. **退步插掌**

右掌向斜后上方刺出，左勾手变掌背于后腰间，同时左脚向右脚并拢成直立。(图 9–2–16)

15. **虚步勾手**

左掌变勾手探出，右掌置于左腋，同时左腿弯曲成虚步。(图 9–2–17)

图 9-2-15

图 9-2-16

图 9-2-17

（二）第二段

16. 提膝架掌

右掌向上架挡，左勾手架平于左侧，同时提左膝。（图 9-2-18）

17. 弓步亮掌

左脚落地成左弓步，右掌向前上方伸出，左勾手置于身后。（图 9-2-19）

18. 并步摆掌

右掌摆至右侧与肩平，左勾手变掌置于右腋。（图 9-2-20）

19. 推掌勾手

左掌向左侧推掌，同时右掌变勾手。（图 9-2-21）

图 9-2-18　　图 9-2-19　　图 9-2-20　　图 9-2-21

20. 弓步按掌

左掌向下按掌至腰部下方，同时后撤左脚成右弓步。（图 9-2-22）

21. 歇步亮掌

右手变掌，亮在身体右上方，左掌变勾手背在身后，同时移动右脚在左脚后成歇步。（图 9-2-23）

22. **马步架打**

右手握拳格架在头顶，左勾手变拳向左冲出，同时上左脚成马步。（图 9–2–24）

23. **提膝拉拳**

两拳由内向外对拉，同时提左膝。（图 9–2–25）

图 9–2–22　图 9–2–23　图 9–2–24　图 9–2–25

24. **弓步按拳**

右拳架在身体前方，左拳变掌按于右拳上，同时落下左脚，前跨右脚成右弓步。（图 9–2–26）

25. **撤步双插掌**

两手掌心向上，向前插掌，同时后撤右脚成左弓步。（图 9–2–27）

26. **并步对拳**

两掌变拳，拳面相对置于腹前，同时左脚向右脚并拢。（图 9–2–28）

27. **收势**

两手垂直贴于身体两侧。（图 9–2–29）

图 9–2–26　图 9–2–27　图 9–2–28　图 9–2–29

思政课堂

安徽运动员赖晓晓勇夺第 11 届世界运动会女子长拳项目金牌

北京时间 7 月 14 日凌晨，代表中国参加第 11 届世界运动会的安徽省武术套路运动员赖晓晓，顽强拼搏、力克强敌，在女子长拳项目上勇夺冠军，为中国队再添 1 金。赛场上，她的长拳套路打得舒展大方，节奏把控张弛有度，发挥出色，最终以 9.587 分力压群芳夺冠。

国际奥委会主席巴赫现场观看了武术比赛，赛后在中国体育代表团的精心安排下与赖晓晓交流互动，现场切磋了武技，并表达了对中国武术的热爱，为武术项目在世界的推广和进入奥运会起到了积极的宣传作用。在本届世界运动会上，赖晓晓成为向世界传播中国武术文化的友谊使者。

（资料来源：安徽省体育局，2022 年 7 月 19 日，有改动）

第三节　24式简化太极拳

24 式简化太极拳也称简化太极拳，是国家体委（现为国家体育总局）于 1956 年组织太极拳专家汲取杨式太极拳之精华编成的。全套共 24 个动作，所以又称 24 式简化太极拳。尽管只有 24 个动作，但相比传统的太极拳套路来讲，其内容更显精练、动作更显规范，并且也能充分体现太极拳的运动特点。

预备势

身体直立，两脚并拢，目视前方，呼吸自然。（图 9–3–1）

一、起势

（1）提左腿开步，两脚距离与肩同宽。（图 9–3–2）

（2）两臂向前慢慢平举，自然伸直，与肩同高，掌心向下。（图 9–3–3）

（3）两腿屈膝下蹲，同时两掌轻轻下按至腹部，两肘下垂与两膝相对；目平视前方。（图 9–3–4）

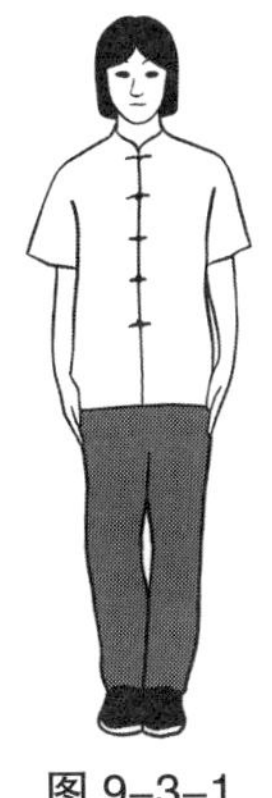
图 9–3–1

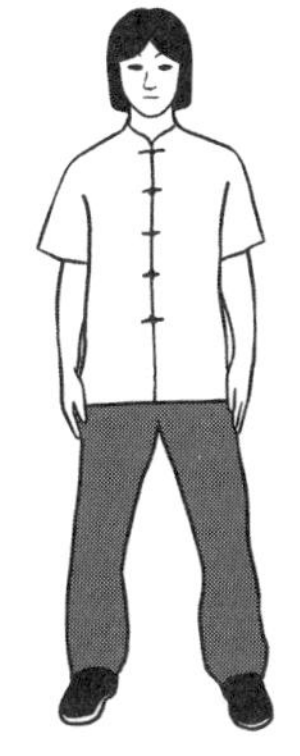
图 9–3–2

图 9–3–3

图 9–3–4

二、左右野马分鬃

（1）上体稍向右转，重心移至右腿；同时右臂收在胸前平屈，掌心向下，左手经体前向右下方画弧至右手下，掌心向上，两掌心相对成抱球状；左脚收至右脚内侧成丁步；目视右手。

（2）上体稍向左转，左脚向左前方迈出一步，右脚跟后蹬，右腿自然伸直，成左弓步；同时上体向左转，左右手随转体慢慢分别向左上方、右下方分开，左手高与眼平（掌心斜向上）；同时右手按至右胯旁，掌心向下，两臂微屈；目视左手。（图 9–3–5）

（3）上体慢慢后坐，身体重心稍后移，左脚尖翘起外撇，随后脚掌慢慢踏实，左腿慢慢前弓，身体稍左转，身体重心移至左腿；同时左手翻转在左胸前屈抱，右手翻转前臂，在腹前屈抱，成左抱球；右脚随即收到左脚内侧成丁步；目视左手。

（4）右脚向右前方迈出，左腿自然伸直，成右弓步；同时上体右转，左右手随转体分别慢慢向左下方、右上方分开，右手高与眼平（掌心斜向上），肘微屈；左手落在左胯旁，肘也微屈，掌心向下；目视右手。（图 9–3–6）

（5）动作同（3），唯左右相反。

（6）动作同（4），唯左右相反。（图 9–3–7）

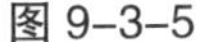
图 9–3–5

图 9–3–6

图 9–3–7

三、白鹤亮翅

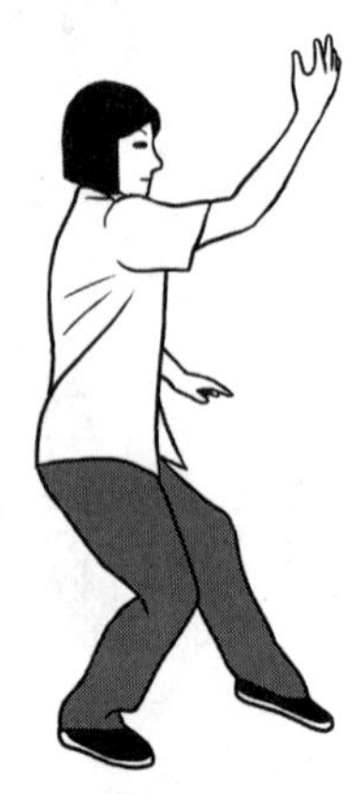
图 9–3–8

（1）上体稍向左转，右脚向前跟步，左手翻掌向下，左臂平屈于胸前，右手向左上方画弧，掌心转向上，与左手成抱球状；目视左手。

（2）上体后坐并向右转体，身体重心移至右腿，面向右前方，左脚稍向前移，脚尖点地，成左虚步；同时上体再微向左转，两手随转体慢慢向右上方、左下方分开，右手分至右额前，掌心向内，左手按至左胯前，掌心向下，上体转正；目平视前方。（图 9–3–8）

四、左右搂膝拗步

（1）上体右转，右手至头前下落，由下向后上方画弧举至右肩外侧，肘微屈，手与耳同高，掌心斜向上；左手由左下方向上、向右下方画弧至右肩前，掌心斜向下，同时上体先微向左再向右转，左脚收至右脚内侧成丁步；目视右手。

（2）上体左转，左脚向左前方迈出一大步成左弓步；右手屈回，由耳侧向前推出，右臂自然伸直，高与鼻尖平；左手向下由左膝前搂过落于左胯旁，掌心向下，指尖向前；目视右手。（图 9–3–9）

（3）右腿慢慢屈膝，重心稍后移，左脚尖翘起微向外撇，随后脚掌慢慢踏实，左腿前弓，身体左转，重心移至左腿，右脚收到左脚内侧，脚尖点地；同时左手向外翻掌由左后方向上画弧至左肩外侧，手与耳同高，掌心斜向上；右手随转体向上、向左下画弧落于左脚前，掌心斜向下；目视左手。

（4）动作同（2），唯左右相反。（图 9–3–10）

（5）动作同（3），唯左右相反。

（6）动作同（2）。（图 9–3–11）

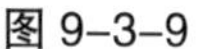
图 9–3–9

图 9–3–10

图 9–3–11

五、手挥琵琶

右脚跟进半步落于左脚后，上体后坐，身体重心移至右腿，上体稍向右转，左脚略提起稍向前移，变成左虚步，脚跟着地，脚尖翘起，膝关节微屈；同时左手由左下方向上挑举，高与鼻尖平，掌心向右，臂微屈；右手收回放在左肘里侧，掌心向左；目视左手。（图 9–3–12）

六、左右倒卷肱

（1）上体稍向右转，两手翻掌向上，右手经腹前由下向后上方画弧平举，臂微屈，左手停于体前；眼的视线随着向右转体先右视，再转向前方视左手。（图 9–3–13）

（2）右臂屈肘向前，右手由耳侧向前推出，掌心向前，左臂屈肘后撤，掌心向上，撤至左肋外侧；同时左腿轻轻提起向后偏左退一步，脚掌先着地，然后全脚掌慢慢踏实，身体重心移到左腿，成右虚步，右脚随转体以脚掌为轴扭正；目视右手。（图 9–3–14）

图 9–3–12　图 9–3–13　图 9–3–14

（3）上体稍左转，同时左手随转体向后上方画弧平举，掌心向上；右手随即翻掌，掌心向上；眼随转体先左视，再转向前方视右手。

（4）动作同（2），唯左右相反。（图 9–3–15）

（5）动作同（3），唯左右相反。

（6）动作同（2）。（图 9–3–16）

（7）动作同（3）。

（8）动作同（2），唯左右相反。（图 9–3–17）

图 9–3–15

图 9–3–16

图 9–3–17

七、左揽雀尾

（1）上体稍向右转，同时右手随转体向侧后上方画弧平举，掌心向上；左手掌心向下；目视左手。

（2）身体继续右转，左手下落逐渐翻掌经腹前画弧至右肋前，掌心向上；右臂屈肘，掌心转向下，收至右胸前，两手呈右抱球状；同时左脚收到右脚内侧成丁步，脚尖点地；目视右手。

（3）左脚向左前方迈出，上体继续向左转，右腿自然蹬直，左腿屈膝成左弓步；同时左臂半屈向左前方掤架，右手向右下画弧按至右胯旁，掌心向下，五指向前；目视左手。（图 9–3–18）

（4）身体微向左转，左手随即前伸翻掌向下，右手翻掌向上，经腹前向上、向前伸至左前臂下方；然后两手下捋，上体右转，两手经腹前向右后上方画弧，直至右掌心向上，高与肩平，左臂平屈于胸前，掌心向后；同时身体重心移至右腿；目视右手。（图 9–3–19）

图 9–3–18

图 9–3–19

（5）上体稍向左转，右臂屈肘折回，右手附于左手腕里侧，上体继续向左转，双手同时向前慢慢挤出，左掌心向后，右掌心向前，左前臂要保持半圆；同时身体重心逐渐

前移变成左弓步；目视左手腕部。（图 9–3–20）

（6）左手翻掌，掌心向下；右手经左腕上方向前、向右伸出，高与左手齐，掌心向下；两手左右分开，宽与肩同；然后右腿屈膝，上体慢慢后坐，身体重心移至右腿，左脚尖翘起；同时两手屈肘回收至腹前，掌心均向前下方；目平视前方。

（7）身体重心慢慢前移，同时两手向前、向上按出，掌心向前；两腿成左弓步；目平视前方。（图 9–3–21）

图 9–3–20

图 9–3–21

八、右揽雀尾

（1）身体重心后移，上体右转，左脚尖里扣；右手向右平行画弧至右侧，然后由右下方经腹前向左上方画弧至左肋前，掌心向上；左臂平屈于胸前，左手向下与右手成抱球状；同时身体重心再移到左腿，右脚收到左脚内侧，脚尖点地；目视左手。（图 9–1–22、图 9–3–23）

（2）动作同“左揽雀尾”（3），唯左右相反。（图 9–3–24）

图 9–3–22

图 9–3–23

图 9–3–24

（3）动作同“左揽雀尾”（4），唯左右相反。（图 9–3–25）

（4）动作同“左揽雀尾”（5），唯左右相反。（图 9–3–26）

（5）动作同“左揽雀尾”（6），唯左右相反。

（6）动作同“左揽雀尾”（7），唯左右相反。（图 9–3–27）

图 9–3–25　　图 9–3–26　　图 9–3–27

九、单鞭

（1）上体后坐，身体重心左移，上体左转，右脚尖里扣，两手（左高右低）向左弧形运转，直至左臂平举，伸于身体左侧，掌心向左，右手经腹前运转至左肋前，掌心向后上方；眼神随右手移动。

（2）身体重心再逐渐移至右腿，上体左转，左脚向右脚靠拢，脚尖点地；同时右手向右上方画弧（掌心由里转向外），至右侧方时变勾手，臂与肩平，左手向下经腹前向右上方画弧停于右肩前，掌心向上；目视右手。

（3）上体稍向左转，左脚向左前方上步，脚跟点地，左手随上体的左转慢慢翻转向前推出，掌心向前；身体重心前移，左脚踏实成左弓步，右脚自然蹬直，脚跟外展，左手经脸前翻掌向前推出，左手与左腿上下相对；目视左手。（图 9–3–28）

十、云手

（1）重心后移，身体渐向右转成右弓步，左脚尖里扣；左手经腹前向右上方画弧至右肩前，掌心斜向后，同时右手松勾变掌，掌心向右前；目视右手。（图 9–3–29）

（2）上体慢慢左转，重心随之逐渐左移；左手由脸前向左侧运转，掌心渐渐转向前方；右手由右下方经腹前向左上方画弧至左肩前，掌心斜向后；同时右脚向左脚靠拢，成小开立步；目视左手。（图 9–3–30、图 9–3–31）

（3）上体向右转，同时左手经腹前向右上方画弧至右肩前，掌心斜向后；右手向右侧运转，掌心翻转向前；随之左脚向左横跨一步；目视右手。（图 9–3–32、图 9–3–33）

（4）动作同（2）。（图 9-3-34、图 9-3-35）

（5）动作同（3）。（图 9-3-36、图 9-3-37）

（6）动作同（2）。（图 9-3-38）

图 9-3-28 　图 9-3-29 　图 9-3-30

图 9-3-31 　图 9-3-32 　图 9-3-33 　图 9-3-34

图 9-3-35 　图 9-3-36 　图 9-3-37 　图 9-3-38

十一、单鞭

（1）上体向右转，右手随之向右运转，至右侧方变成勾手；左手经腹前向右上方画弧至右肩前，掌心向上，身体重心落在右腿，左脚尖点地；目视左手。

（2）上体稍向左转，左脚向左前方迈出，脚跟落地，右脚跟后蹬，成左弓步；在身体重心移向左腿的同时，上体继续左转，左掌慢慢翻转向前推出，成单鞭式；目视右手。（图 9–3–39）

十二、高探马

右脚跟进半步，右勾手变成掌，两手翻转向上，两肘微屈；同时身体微向右转，左脚跟渐渐离地；目视左前方。上体微向左转，面向左前方，右掌经右耳旁向前推出，掌心向前，手指与眼同高；左手收至左侧腰前，掌心向上；同时左脚微向前移，脚尖点地，成左虚步；目视右手。（图 9–3–40）

十三、右蹬脚

（1）左手掌心向上，前伸打右手手腕背面，两手相互交叉，随即向两侧分开并向下画弧，掌心斜向下；同时左脚提起向左前侧方进步（脚尖稍外撇），身体重心前移，右腿自然蹬直，成左弓步；目视前方。

（2）两手由外圈向里圈画弧，两手交叉合抱于胸前，右手在外，两掌心均向后；同时右脚收至左脚内侧，脚尖点地；目平视右前方。

（3）两臂左右画弧分开平举，肘部微屈，掌心均向外；同时右腿屈膝提起，右脚向右前方慢慢蹬出，右腿和右臂上下相对；目视右手。（图 9–3–41）

图 9–3–39

图 9–3–40

图 9–3–41

十四、双峰贯耳

（1）右腿屈膝收回，脚尖自然下垂；左手向前、向下画弧与右手并行落右膝上方，拳心向上，目视前方。

（2）右脚下落向右前方上步，重心渐渐前移，成右弓步，面向右前方，同时两手下落慢慢变拳，分别从两侧向上、向前画弧贯拳至面部前方，成钳形状，两拳相对。（图 9–3–42）

十五、转身左蹬脚

（1）左腿屈膝后坐，身体重心移至左腿，上体左转，右脚尖里扣；同时两拳变掌，由上向左右画弧分开平举，掌心向前；目视左手。

（2）身体重心再移至右腿，右腿屈膝后坐，左脚收到右脚内侧，脚尖点地；同时两手由外圈向里圈画弧合抱于胸前，左手在外，掌心均向后；目平视左方。

（3）两手向左前方和右后方画弧分开，肘部微屈，掌心均向外；同时左腿屈膝提起，左脚向左前方慢慢蹬出；目视左手。（图 9–3–43）

图 9–3–42　　图 9–3–43

十六、左下势独立

（1）左腿收回平屈，左脚脚尖向下自然垂于右腿内侧，上体右转；右手五指捏拢成勾手，左手经头前画弧摆至右肩前，掌心斜向后；目视右手。

（2）右腿慢慢屈膝下蹲，左腿由内向左侧偏后伸出，成左仆步；左手下落，掌心向外，向左下方顺左腿内侧向前穿出；目视左方。（图 9–3–44）

（3）身体重心前移，左脚以脚跟为轴，脚尖尽量向外撇，左腿前弓，右腿后蹬，右脚尖里扣，成左弓步，上体微向左转并向前起身；同时左臂继续向前伸出立掌，掌心向

右，右勾手下落，勾尖向后；目视左手。（图 9-3-45）

（4）右腿慢慢提起平屈，成左独立式；同时右勾手变掌，并由后下方顺右腿外侧向前弧形上挑，屈臂立于右腿上方，肘与膝相对，掌心向左；左手落于左胯旁，掌心向下，指尖向前；目视右手。（图 9-3-46）

图 9-3-44　图 9-3-45　图 9-3-46

十七、右下势独立

（1）右脚下落于左脚内侧前方，距左脚约一脚距离脚尖着地；然后左脚以前脚掌为轴，脚跟转动，身体随之左转；同时左手向后平举变成勾手，右手随着转体向左侧画弧，立于左肩前，掌心斜向后；目视左手。（图 9-3-47）

（2）动作同“左下势独立”（2），唯左右相反。（图 9-3-48）

（3）动作同“左下势独立”（3），唯左右相反。（图 9-3-49）

（4）动作同“左下势独立”（4），唯左右相反。（图 9-3-50）

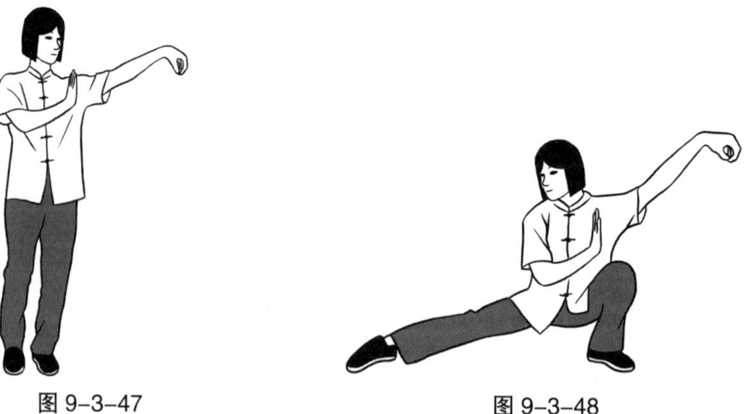

图 9-3-47　图 9-3-48

图 9–3–49

图 9–3–50

十八、左右穿梭

（1）身体稍向左转，左脚向左前方下落，脚跟着地，脚尖外撇；右脚跟离地，两腿屈膝成半坐盘式；同时两手在左胸前成抱球状（左上右下）；然后右脚收到左脚的内侧，脚尖点地；目视左前臂。

（2）上体右转，右脚向右前方上步，屈膝弓腿，成右弓步；同时右手由脸前向上举并翻掌停于右额前，掌心斜向上；左手先向左下方再经体前向前推出，高与鼻尖平，掌心向前；目视左手。（图 9–3–51）

（3）身体重心略向后移，右脚尖稍向外撇，随即身体重心再移至右腿，左脚跟进，停于右脚内侧，脚尖点地；同时两手在右胸前成抱球状（右上左下）；目视右前臂。

（4）动作与（2）相同，只是左右相反。（图 9–3–52）

图 9–3–51

图 9–3–52

十九、海底针

（1）右脚向前跟进半步，距离前脚约一脚距离，然后身体重心移至右腿，左脚稍向前移半步；右手下落经体前向后、向上提抽至肩上耳旁，左手下落至体前侧。

（2）左脚尖点地成左虚步，同时身体稍向右转；右手再随身体左转，由右耳旁斜向前下方插出，掌心向左，指尖斜向下；与此同时，左手向前、向下画弧落于左胯旁，掌心向下，指尖斜向前下方；目视右掌。（图 9–3–53）

二十、闪通臂

（1）上体稍向右转，身体恢复正直，左脚微回收半步；同时两手上提；目视前方。

（2）左脚向前迈出，脚跟着地；左右两手分别向左前方、右后方分开；左手掌心向前，右掌心向外；目视前方。

（3）重心前移，左腿屈膝成左弓步；同时右手屈臂上举，停于右额前上方，掌心翻转斜向上，拇指朝下；左手由胸前随重心前移慢慢向前推出，高与鼻尖平，掌心向前；目视左手。（图 9–3–54）

图 9–3–53

图 9–3–54

二十一、转身搬拦捶

（1）上体后坐，身体重心移至右腿，左脚尖里扣；身体向右后转，然后身体重心再移至左腿；与此同时，右手随着转体向右、向下变拳，经腹前画弧至左肋旁，拳心向下；左手上举于头前，掌心斜向上；目视前方。

（2）向右转体，右拳经胸前向前翻转撇出，拳心向上；左手落于左胯旁，掌心向下，指尖向前；同时右脚收回后不要停顿或脚尖点地，即向前迈出，脚尖外撇；目视右拳。（图 9–3–55）

（3）身体重心移至右腿，左脚向前迈出一步；左手上起经左侧向前上方画弧拦出，掌心向前下方；同时右拳向右画弧收到右腰旁，拳心向上，目视左手。（图 9–3–56）

（4）左腿前弓成左弓步，同时右拳向前打出，拳眼向上，高与胸平，左手附于右前臂里侧；目视右拳。（图 9–3–57）

图 9–3–55

图 9–3–56

图 9–3–57

二十二、如封似闭

（1）左手由右腕下方向前伸出，右拳变掌，两手掌心逐渐翻转向上并慢慢分开回收；同时身体后坐，左脚尖翘起，身体重心移至右腿；目视前方。

（2）两手在胸前翻掌，向下经腹前再向上、向前推出，腕部与肩平，掌心向前；同时左腿前弓成左弓步；目视前方。（图 9–3–58）

二十三、十字手

（1）屈膝后坐，上体右转，重心右移向右腿，左脚尖里扣；右手随着转体动作向右平摆画弧，两臂侧平举，掌心向前，肘部微屈；同时右脚尖随着转体稍向外撇，成右侧弓步；目视右手。

（2）身体重心慢慢移至左腿，右脚尖里扣，随即向左收回，两脚距离与肩同宽，两腿逐渐蹬直，成开立步；同时两手向下经腹前向上画弧交叉合抱于胸前，两臂撑圆，腕高与肩平，右手在外，成十字手，掌心均向后；目视前方。（图 9–3–59）

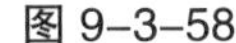
图 9–3–58

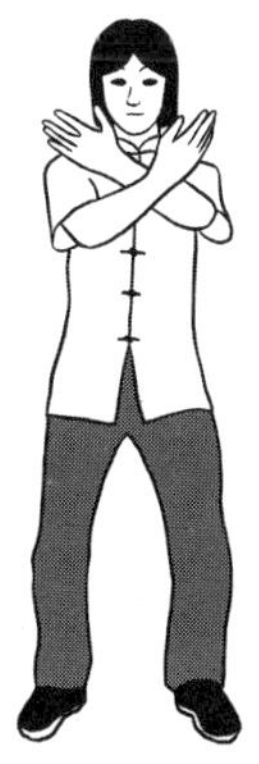
图 9–3–59

二十四、收势

（1）两臂内旋，两手向外翻掌平举于体前，掌心向下，两臂慢慢下落，停于腹前；目视前方。（图 9–3–60）

（2）两腿缓缓蹬直，同时两手慢慢下落至大腿外侧，左脚收回与右脚并拢，恢复成预备势；目视前方。（图 9–3–61）

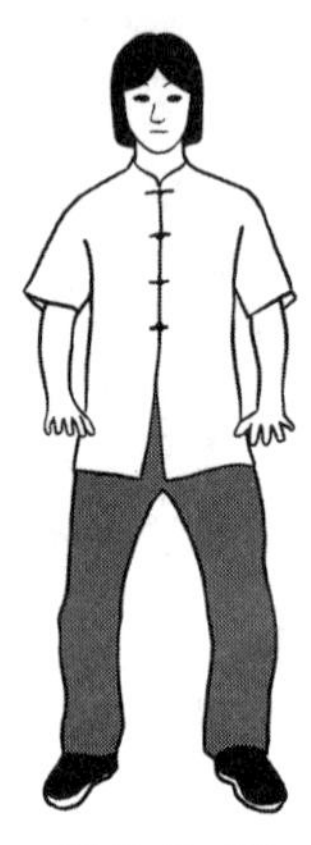
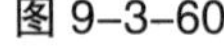
图 9–3–60

图 9–3–61

思政课堂

宁波象山老年人太极拳健身大联动受关注

为弘扬太极拳文化，传承中华文明，2023 年全国老年人太极拳健身大联动（宁波象山分会场）活动在宁波象山县全民健身中心举行。本次活动由中国老年人体育协会主办，宁波市老年人体育协会、象山县文化和广电旅游体育局、象山县老年人体育协会承办，中国老年人体育协会太极拳专委会协办。

全县 22 支太极拳队 660 余名太极拳爱好者参加了本次活动，集体展示了杨式 28 式太极拳和健身气功·八段锦等项目。“表演得非常好，展现出了老年人的精神风貌，为他们点赞。”现场观众向太极拳爱好者们伸出大拇指。现场活动视频一经发布，便有 9 万余人次浏览，备受健身运动爱好者关注。参赛队员张素贞练太极拳已经 20 多年了，她说：“太极拳是一项非常好的运动，既锻炼了身体，又舒缓了心情。我还会继续坚持下去。”“我们的太极拳队伍从几十人发展到现在的几千人，很开心能有越来越多的人加入到太极拳习练队伍中来。”队员王豪杰说。

活动前期，象山县老年人体育协会精心组织，周密安排，合理布置展示场地，配备安保人员和医务人员数十名，确保大联动活动安全有序进行。全民健身迎亚运，

信心满怀奔共富，本次活动旨在弘扬太极文化，促进全民健身，为象山县创建“浙江省太极拳之乡”作出新的贡献。

象山县老年人体育协会相关负责人表示：“本次活动既弘扬和传承了太极拳这项优秀的传统文化，又丰富了老年人的业余文化生活，提高了老年人的健康幸福生活指数。”

（资料来源：《中国体育报》，2023 年 6 月 8 日，有改动）

第四节　散打

散打古时称为“白打”“相搏”“手搏”“技击”等，是中华武术精华。其以踢、打、摔、拿四大技法为主要进攻手段，特点是远踢、近打、贴身摔。散打的招式动作分为实战姿势、步法、拳法、腿法、摔法、防摔法 5 类。

一、实战姿势

实战姿势，即实战中的预备姿势，是为完成进攻和防守所采用的有利姿势，因人而异，但应具有身体重心稳固、暴露给对方的面积较小、利于防守和起动、便于发力、利于进攻等优点。

动作方法：两脚前后分开，前脚脚跟与后脚脚尖之间距离为一脚半距离，前脚与后脚间横向距离稍宽于肩，前脚脚尖略向内侧转，后脚脚尖斜朝前，脚跟稍离地面，两臂自然弯曲。左拳置于体前略低于眼睛，拳面斜朝前，拳眼斜朝上；右拳置于右肋前，拳面略高于下颌。肘部与身体相距约一拳距离。以左肩左腹部侧向着对方，含胸收腹。上体稍前倾，头略低，下颌微收，咬牙闭嘴。目视前方。（图 9–4–1）

图 9–4–1

二、步法

步法是为保持与对手间的距离、实施进攻与防守动作或破坏对手的进攻与防守意图而进行的专门的脚步移动方法。下文只介绍滑步、垫步、跨步和插步。

（一）滑步

1. 前滑步

实战姿势站立。后脚蹬地，前脚向前移动，落地时前脚掌先落地，后脚快速前移。落地后的姿势与实战姿势相同。后滑步与前滑步动作方向相反。

2. **左滑步**

实战姿势站立。后脚蹬地，前脚向左平移，后脚也随之向左移动。动作完成后的姿势与实战姿势相同。右滑步与左滑步动作方向相反。

（二）垫步

1. **前垫步**

实战姿势站立。前脚蹬地，后脚前移，后脚在前脚内侧落地的同时前脚前移。落步后仍成预备姿势。

2. **后垫步**

实战姿势站立。后脚蹬地，前脚后移，前脚在后脚内侧落地的同时后脚后移。落步后仍成预备姿势。

（三）跨步

实战姿势站立。左（右）脚向左（右）侧横跨半步，重心下沉，右（左）脚半步跟进。左跨时防守手势左右更换，右跨时身体略向左转。

（四）插步

实战姿势站立。后脚向左横移一步，脚跟离地两脚略成交叉。插步时身体不要转动，左侧面仍与对手相对。插步后要及时还原成实战姿势。

三、拳法

拳法主要包括直拳、摆拳、勾拳。其中还演变出刺拳、鞭拳等。

（一）直拳

左直拳：实站姿势站立。左脚在前，右脚在后，左脚脚跟稍外旋，重心移至左脚，上体略左转。同时，左臂顺肩伸肘，使拳面向前直线冲击，力达拳面，拳心朝下；右拳收至下颌处，目视前方。然后左拳压肘收回，成实战姿势。（图 9–4–2、图 9–4–3）

右直拳：动作要领与左直拳相同，只是左右相反。

要点：使蹬地、扭胯、拧腰之力传达拳面，整个动作要协调完整，重心不可过多前倾。击拳前不可出现先收拳再击的预兆，也不可在出拳时将右臂后拉，结合步法的击法应做到拳到脚到。

图 9-4-2

图 9-4-3

（二）摆拳

右摆拳：实战姿势站立。左脚在前，右脚在后，右脚蹬地，身体重心移向左脚，右脚脚跟略离地外转，并踬转脚掌。上体左转的同时右臂内旋，抬肘与肩平，使拳由右向左横击，左拳自然收回至下颌旁。然后恢复实战姿势。

左摆拳：动作要领与右摆拳相同，只是方向相反。

要点：右摆拳时身体不可向左倾斜，要边击拳边抬肘。击打后重心偏左脚，右脚的踬转力不可忽视，要含胸收腹，不可低头。右摆拳击打前左臂不可后拉，重心落在右脚，但上体不可过于前倾。

（三）勾拳

右勾拳：实战姿势站立。左脚在前，右脚在后，右脚蹬地，身体重心移向左脚，右脚脚跟略外转，脚掌踬地，上体左转略下沉，右膝及上体瞬间挺伸并向左转体。同时，右臂外旋由下向上击拳，拳面朝上，拳心朝左内侧，力达拳面，左拳自然收回置于下颌旁，目视右拳，然后恢复实战姿势。（图 9-4-4、图 9-4-5）

左勾拳：动作要领与右勾拳相同，只是方向相反。

图 9-4-4

图 9-4-5

要点：右勾拳的右臂外旋与击打应同时，不可外旋后再击打，上体不可过于前倾。屈臂的角度大小根据与对方的距离及击打的部位而定。上体向左转下沉再蹬地，挺伸与左转瞬间要协调自然，不可断裂或过程太长。

四、腿法

腿法是散打技术中最重要的技法之一，在比赛中使用率最高。散打中有四大技法，即踢、打、摔、拿。踢就是腿法，腿法在散打比赛中得分最多。据统计，腿法得分占总得分的 63.5%。这里只介绍正蹬、侧踹、鞭腿。

（一）正蹬

右正蹬：实战姿势站立。左脚在前，右脚在后，身体重心移至左腿。左腿略屈，右腿屈膝上抬，含胸收腹，右脚脚尖勾起，脚底朝前下方，随即右腿由屈而伸向前上方蹬出，力达脚跟。当脚触击目标时伸胯并使脚尖猛向前下方压踩，使力达全脚掌。目视右脚，右腿下落，还原成实战姿势。（图 9–4–6 至图 9–4–9）

左正蹬：动作要领与右正蹬相同，只是方向相反。

要点：支撑腿可微屈保持平衡，上体不可过分后仰，屈膝上抬与伸蹬要连贯。

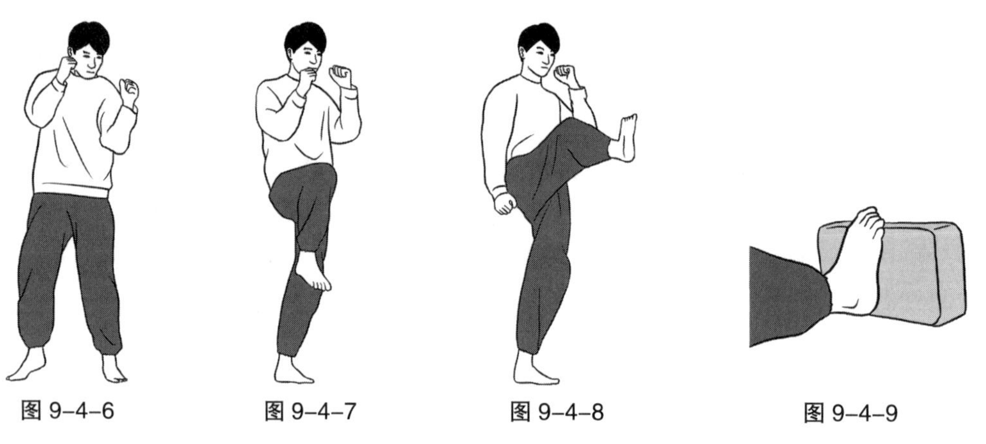

图 9–4–6　　图 9–4–7　　图 9–4–8　　图 9–4–9

（二）侧踹

右侧踹：实战姿势站立。左脚在前，右脚在后，重心移至左腿，膝略屈，脚尖外展。右腿屈膝上抬，脚尖勾起，脚底朝外侧下，随即小腿外翻，脚底朝向攻击点挺膝踹出，力达脚底。同时，左腿挺直，上体向左腿侧倾。目视右脚，右腿下落，还原成实战姿势。（图 9–4–10 至图 9–4–13）

左侧踹：动作要领与右侧踹相同，只是方向相反。

要点：提膝时上体略向支撑腿侧转，脚内侧与地面近于平行，踹出时身体向支撑腿的倾斜度随攻击点的高度变化，越高倾斜度越大，支撑腿应以前脚掌为轴踝地，

脚跟内收。

图 9-4-10　图 9-4-11　图 9-4-12　图 9-4-13

（三）鞭腿

右鞭腿：实战姿势站立。左脚在前，右脚在后，重心移至左腿，膝略屈。右腿屈膝上抬，高过腰，同时膝略内收，小腿略外翻，踝部放松。随即挺膝，小腿从外向上、向前、向内弧形弹击，脚面绷平使力达脚面或胫骨处。目视右脚，右腿下落，还原成实战姿势。（图 9-4-14 至图 9-4-17）

左鞭腿：动作要领与右鞭腿相同，只是方向相反。

要点：弹腿的膝部发力要借助拧腰转胯之力，加大力度；弹腿时支撑腿膝关节伸直并以脚掌为轴，蹍地，脚跟内收，上体不可过于倾斜。

图 9-4-14　图 9-4-15　图 9-4-16　图 9-4-17

五、摔法

这里只介绍抱腿别腿摔、双手抱膝摔、拉臂过背摔。

（一）抱腿别腿摔

在格斗中，向对方的支撑腿上左步，顺势将对方左腿抱住。上体右转，用左腿别对方右腿，同时用胸下压对方左腿，将对方摔倒在地。（图 9-4-18 至图 9-4-21）

要领：抱腿准确、有力，转体协调，顺势压腿。

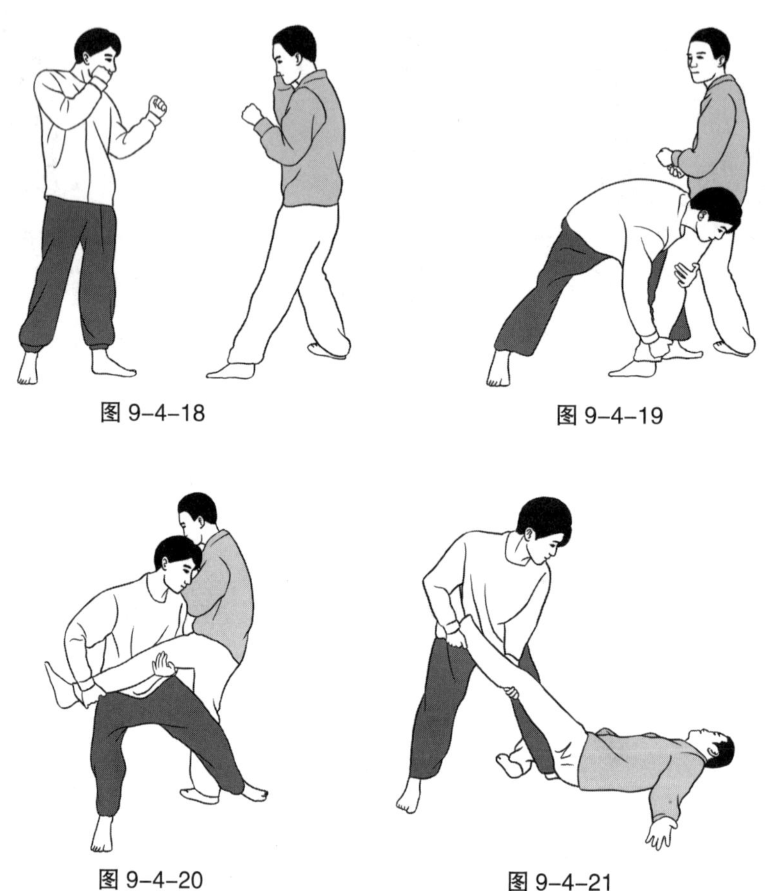

图 9-4-18　图 9-4-19

图 9-4-20　图 9-4-21

（二）双手抱膝摔

在格斗中，先做前滑步，同时用左直拳虚晃，右直拳重击对方脸部。对方受击必上体后仰，露出下盘空当，此时应抓住时机，右脚向前上步至对方裆部，两手从外向内环抱对方膝窝，同时上体前倾，右肩前顶，合力将对方摔倒。（图 9-4-22 至图 9-4-24）

要领：左右直拳连击要具有威胁性，使对方上体后仰、露出下盘。上步要及时，抱腿顶肩要干脆利索，整套动作要连贯。

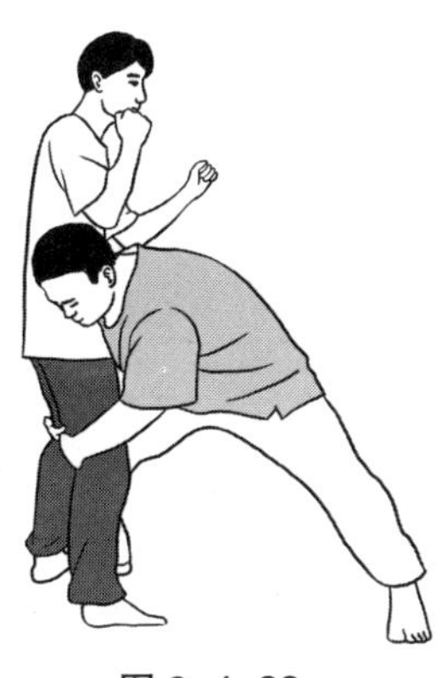

图 9–4–22

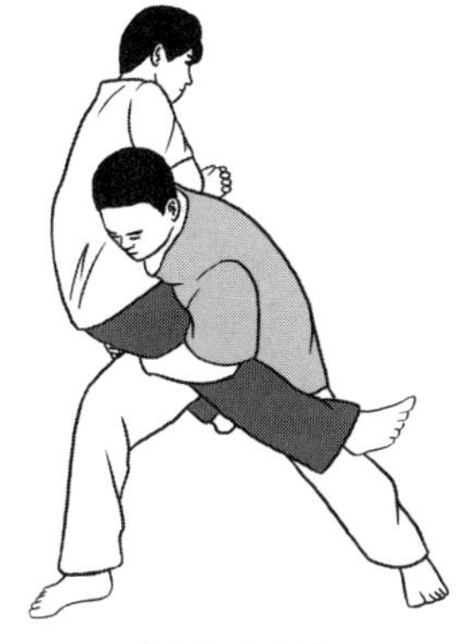

图 9–4–23

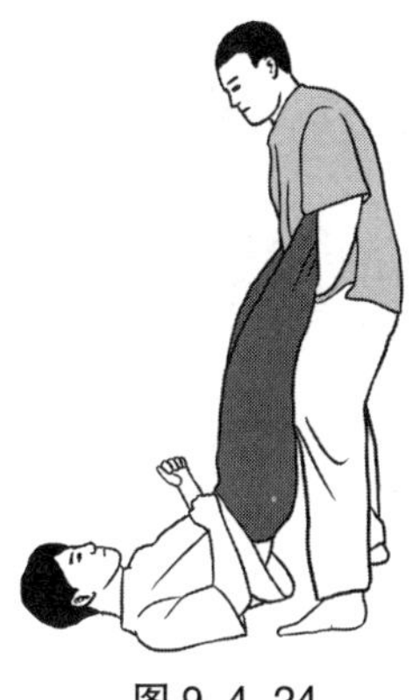

图 9–4–24

（三）拉臂过背摔

在格斗中，对方以右摆拳攻击己方头部，己方迅速左转身并以左手抓住其手腕。紧接着己方向前方上右脚，身体向左转 90° 将对方右臂紧贴于己方右肩前。然后两手向前拉，臀部向后上方顶，全身发力，将其背起摔于体前。（图 9–4–25 至图 9–4–28）

要领：抓臂及时，上右步迅速。背摔前，己方与对方贴紧。发劲时，双手向下拉与臀部向后顶要相合，整套动作要协调。

图 9–4–25

图 9–4–26

图 9–4–27

图 9–4–28

思政课堂

全国武术散打锦标赛举行

日前，2023 年“康比特杯”全国武术散打锦标赛在山东枣庄市文体中心体育馆开幕。本次比赛由国家体育总局武术运动管理中心、中国武术协会、山东省体育局、枣庄市人民政府主办，山东省武术院、枣庄市体育局、薛城区人民政府承办。来自全国各省（自治区、直辖市）的 43 支代表队伍的 597 名运动员在为期 11 天的比赛中争夺 21 枚金牌。

据赛事组织方介绍，本次比赛的举行，对推动武术散打项目发展，宣传山东武术及山东文化，展示大美枣庄、好客山东的好形象，具有积极的推动作用。这是近期山东省第二次承办全国性大型武术赛事活动，男子、女子同赛区举办，并首次在全国锦标赛增设了男子团体和女子团体对抗赛。本次比赛是近年来国家武术运动管理中心举办的规模最大、时间跨度最长的一次全国武术散打锦标赛。

（资料来源：《中国体育报》，2023 年 8 月 22 日，有改动）

考核测评

简述 24 式简化太极拳的健身功效

姓名：	院（系）：	学号：	日期：
得分：			
体育教师签字：			日期：

第十章　跆拳道

第一节　跆拳道概述

一、跆拳道的起源和发展

跆拳道起源于朝鲜半岛，距今已有两千多年的历史。1966 年，国际跆拳道联盟成立。1973 年 5 月，世界跆拳道联合会在韩国汉城（今首尔）成立。1980 年，国际奥委会正式承认世界跆拳道联合会。1994 年 9 月，经国际奥委会正式通过，跆拳道被列为 2000 年悉尼奥运会的正式比赛项目，设男、女各 4 个级别的比赛。

我国的跆拳道运动起步较晚，但是发展较为迅速。1998 年 5 月，在越南胡志明市举行的第 13 届亚洲跆拳道锦标赛上，贺璐敏为我国赢得了第一枚跆拳道国际比赛金牌，实现了我国在该项目正式国际比赛中金牌零的突破。1999 年，在加拿大埃特蒙多举行的世界跆拳道锦标赛上，王朔战胜多名世界跆拳道高手，获得女子 55 公斤级冠军。这是我国跆拳道运动员获得的第一个世界冠军。在 2000 年悉尼奥运会女子跆拳道 67 公斤以上级比赛中，陈中力克群雄获得冠军。这是我国获得的第一枚奥运会跆拳道金牌。2004 年，中国跆拳道协会正式成立。

二、跆拳道的锻炼价值

跆拳道运动紧张激烈，对抗性极强，可使人筋骨强壮，提高各关节的灵活性及肌肉的伸展性和收缩能力，发展人的速度素质、灵敏素质、力量素质和耐力素质，提高人体内脏器官的功能和神经系统的灵活性，增强人体的击打和抗击打能力，提高自卫能力。练习跆拳道还可以培养人顽强果断、吃苦耐劳的精神和积极向上的品质，使人养成礼让谦逊、宽厚待人的美德。

第二节　跆拳道基本技术和基本战术

一、跆拳道基本技术

（一）实战姿势

图 10–2–1

实战姿势也称准备姿势或预备姿势，是竞技跆拳道比赛中双方开始时的基本站立姿势。左脚在前称为左势；右脚在前称为右势。

以左势为例，双脚自然地前后开立，距离约与肩同宽，前脚掌斜向右前方微内扣约 45°，后脚掌斜向右前方内扣 30°~60°，后脚跟抬起，膝关节微屈，保持弹性和灵活。身体自然直立，侧面对敌，左肩斜向前 30°~45°，前手低、后手高，成防御状态。（图 10–2–1）

（二）基本手形、手法

正拳：四指并拢握紧，将拇指内屈紧贴食指和中指的第二关节处，拳面要平。使用正拳时用拳的正面的食指和中指部分击打（图 10–2–2）

冲拳：以腰部旋转带动肩部、手臂旋转出拳，放松手臂和拳头，在击中目标的一刹那，突然加速用力握紧拳头以拳面击中目标，力达拳面。

手刀：四指并拢微屈，拇指屈曲贴紧食指，小指的外侧形成手刀，拇指的内侧形成刀背，可砍击或截击目标。（图 10–2–3）

贯手：手形和手刀相似，中指和食指微屈，基本保持四指尖齐平，拇指向掌内贴紧，戳击目标。（图 10–2–4）

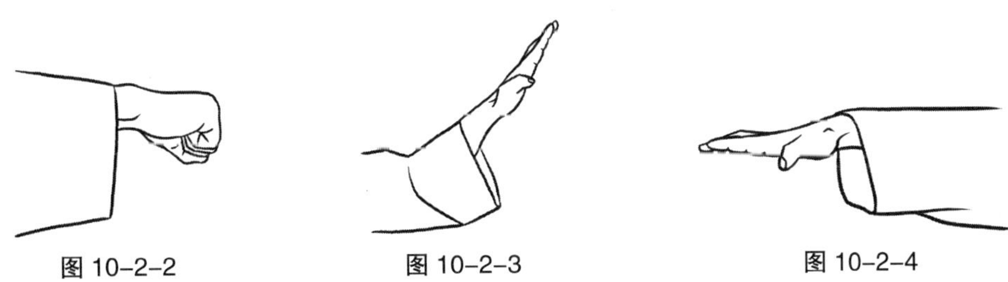
图 10–2–2　　图 10–2–3　　图 10–2–4

（三）基本步形、步法

1. 基本步形

马步：两脚左右平行开立约 3 倍脚长；挺胸立腰，上体正直；微屈膝关节下蹲，重心在两脚之间。（图 10–2–5）

弓步：两脚前后开立约 3 倍脚长；前腿屈膝，后腿伸直，后脚尖与前脚的延长线约成

30° 角，前腿膝关节和脚尖在一个平面上；重心在两脚之间，稍偏于前脚。（图 10–2–6）

行走步：亦称前行步、高前屈立。两脚前后开立姿态和平时向前走路时相似，前后脚相距大约一脚长，重心在两脚之间。（图 10–2–7）

图 10–2–5　　图 10–2–6　　图 10–2–7

三七步：亦称后屈立。两脚前后相距约两脚半长；后脚尖外展约 90°，后腿屈膝，前腿微屈膝，脚尖朝前；重心落在前后脚三七分位置。（图 10–2–8）

虚步：亦称猫足步。两脚前后开立约一脚半长，前脚脚尖点地，脚跟抬起，两腿膝关节微内扣，重心落在后脚。（图 10–2–9）

独立步：亦称鹤立步。一腿直膝站立，另一腿屈膝上提，脚贴于支撑腿内侧或膝窝处。（图 10–2–10）

交叉步：亦称十字步。两腿交叉，两小腿贴紧。交叉步有两种形式：一种是一脚向另一脚后面插步，脚掌着地，两腿膝关节交叉，此为后交叉步；另一种是一脚向另一脚前面插步，脚掌着地，两腿膝关节交叉，此为前交叉步。（图 10–2–11）

图 10–2–8　　图 10–2–9　　图 10–2–10　　图 10–2–11

2. **基本步法**

前滑步与后撤步：前滑步，即前脚先动，向前小距离迈步，后脚迅速跟进。注意：是有力且有弹性地跟进，而非被前脚拖进。后撤步的动作则相反。

侧闪步：和前滑步类似，区别在于侧闪步是向左右移动。向左移则左脚先动，向右移则右脚先动。此步法用于左右闪躲，也可配合攻击使用。

前垫步与后垫步：前垫步和前滑步的动作相反，后脚先动，向前有力且有弹性地垫向前脚，同时前脚迅速向前小距离迈步，感觉就像后脚撞击前脚一样有弹性地前进。后垫步的动作则相反。

前进步和后退步：前进步顾名思义，属于大距离前进的步伐。前脚后拉半步，后脚迅速越过前脚，交叉大跨步前进（原理：前脚之所以后拉半步，是为了保持重心平稳，否则后腿交叉大跨步前进时，容易使重心过于前冲，因此前脚在后拉瞬间，重心稍微后移，利于身体保持平衡）。后退步的动作则相反。

左右侧移步：实战姿势站立。左侧移步时左脚向左侧方向平行移动一步，随之右脚迅速向左侧平行移动一步；右侧移步时右脚向右侧方向平行移动一步，随之左脚迅速向右侧平行移动一步。

（四）基本腿法

1. 前踢

左势实战姿势站立。身体重心移至左腿，提起右腿同时髋部略向左转，膝关节朝前，脚面稍绷直。双手握拳自然垂放在身体两侧。继续将髋关节前送，右腿向前抬提。当大腿抬至水平或稍高时，向前弹出小腿，用脚面击打目标后迅速收回。右脚自然落下成右势实战姿势。（图 10–2–12）

图 10–2–12

2. 横踢

左势实战姿势站立。身体重心移至左腿，提起右腿同时髋部略向左转，膝关节朝前，大、小腿折叠，脚面绷直。继续将右腿向前抬高，左脚向外侧转动，右腿快速鞭打踢出小腿，膝关节朝向左侧。击打目标后，小腿迅速收回，右脚自然落下成右势实战姿势。（图 10–2–13）

图 10–2–13

3. 前横踢

右势实战姿势站立。将身体重心移至左腿，提起右腿，向前送髋，大、小腿稍折叠。绷紧脚面，右膝向前快速弹出小腿。击打目标后，右脚自然落下成右势实战姿势。（图 10–2–14）

图 10–2–14

4. 后踢

右势实战姿势站立。身体重心移至右腿，以右脚尖为轴，右脚跟外旋，身体向左后方转动。同时，提起左腿，使大、小腿几乎折叠，脚尖勾起，头部稍向左后方转动。左腿平伸后蹬，在蹬直前膝关节稍外翻（向左侧）。用脚跟部位击打对方腹部和胸部。击打目标后，左脚自然落下成左势实战姿势。（图 10–2–15）

图 10–2–15

5. **侧踢**

右势实战姿势站立。将身体重心移至右腿，同时以右脚前脚掌为轴，脚跟内旋。直线提起左腿，弯曲小腿的同时向右转髋，身体左侧侧对对方，膝关节方向朝内，勾脚，展髋，走直线平蹬出左腿，用脚掌外侧攻击目标。击打目标后，左脚自然落下成左势实战姿势。（图 10–2–16）

图 10–2–16

6. **下劈**

右势实战姿势站立。身体重心先移至右腿，提起左腿，同时略转髋向右并向上送髋，身体重心上提。左脚高举过头，左腿伸直贴紧上体，上体保持正直或稍前俯。左脚脚面稍绷直，左腿快速下压（如刀劈木块一样），用脚掌或脚跟下砸目标，身体重心前移至左腿，身体要稍后仰来控制重心。击打目标后，左脚自然落下成左势实战姿势。（图 10–2–17）

图 10–2–17

7. **旋风踢**

右势实战姿势站立。以右脚前脚掌为轴脚跟外旋，身体重心移至右腿，身体左后方转约 360°，左腿也随着向后转动。身体稍后仰，左腿下落的同时右脚蹬地使用右腿横踢技术。击打目标后，两脚自然落下成右势实战姿势。（图 10–2–18）

8. **后旋踢**

右势实战姿势站立。以右脚尖为轴，右脚跟外旋，身体重心移至右腿。身体向左后方转动，同时提起左大腿向斜后方约 40° 蹬伸，头部向左后方转动。身体继续旋转，左腿借旋转向后画一个半圆形的水平弧线，快速屈膝用脚掌击打目标。击打目标后，身体重心依然在右腿上，左脚自然落下成左势实战姿势。（图 10–2–19）

图 10–2–18

图 10–2–19

9. **双飞踢**

右势实战姿势站立。身体重心移至右腿，提起左腿使用横踢技术，然后在左脚未落下时，立即提右腿使用横踢技术，也就是连续进行 2 个横踢。击打目标后，两脚自然落下成右势实战姿势。（图 10–2–20）

图 10–2–20

图 10-2-20（续）

二、跆拳道基本战术

（一）引诱式进攻战术

引诱式进攻战术是指发挥假动作与真动作联合使用的方法，迷惑对方，借机找出对方漏洞进攻。其是跆拳道竞技比赛中最常用的基本战术之一。运用这种战术的时机：对方体力好，但技术不太全面、战术不灵活，可以使用这种战术；在双方选手实力相当，试探对方长处时应用，以克其长。

（二）压迫式强攻战术

压迫式强攻战术是一种先发制人的主动进攻，是一种有计划、有准备的战术行动。运用这种战术的较好时机：力量、速度、耐力素质比较好，但技术不如对方时；身体素质好，技术比较全面，但比赛经验不如对方时；对方的近战能力比较差时；对方的心理素质比较差时。

（三）防守反击战术

防守反击战术既是阻止对方连续进攻的有效手段，又是后发制人的有效措施，同时也是控制对方意图，给对方心理造成影响的战略战术。这种战术在对方性情急躁、缺乏比赛经验、喜欢猛打猛攻时很有效。

（四）边角战术

边角战术指在比赛中利用场地优势，进行得分的一种战术。如在比赛中，对方处于防守状态时，利用警戒线给对方制造陷阱，迫使对方犯规而失分。比如，引诱对方到场地边缘，然后利用猛攻迫使其出界，使对方犯规或被扣分。在跆拳道比赛中，应用边角战术的关键在于营造有利于本方攻击对方，且最终获取胜利的目的，为本方下一步的进攻或者防守营造有利环境。在边角战术运用过程中，需要特别注意对战术运用时机的把握。

（五）规则战术

规则战术是指利用比赛规则的“漏洞”，合理利用规则，迫使对方犯规。但是利用规则战术需要运动员有较强的心理素质，在比赛中主动压迫对方，才能取得好的战术效果，否则很容易被对方抓住破绽，进行防守反击，进而失去主动机会。因此，在日常训练中要注重对规则的掌握，防止造成“被动犯规”。

（六）迂回战术

迂回战术是在对方实力较强时所使用的战术。在比赛中正面进攻很难获得较好的得分效果，通过灵活的步法，不断变换与对方的角度，避实就虚，找到破绽进行侧面的进攻。因此，对运动员而言，在日常训练中除了注重对腿部力量训练外，还应加强对速度及灵活性的练习，这样才能在比赛中利用快速移动的优势，把握主动权。

（七）心理战术

比赛开始前，利用情绪、动作和表情等威慑对方；比赛中用气势压倒对方或利用规则允许的各种手段干扰对方情绪，给对方造成心理负担，使对方技能战术发挥失常，挫伤对方的锐气，发挥本方的优势，在气势上战胜对方。

思政课堂

跆拳道奥运冠军走进大学校园

中国跆拳道协会奥运冠军进校园系列活动近日在景德镇陶瓷大学举行。中国跆拳道协会副主席、奥运冠军吴静钰参加活动，并以“弘扬奥林匹克精神，讲好中国体育故事”为主题和大学师生们进行了交流。

吴静钰表示：“22 年的运动员生涯、4 次奥运会的经历，让我依然热爱着我的热爱，无论成功还是失败，我都依然选择继续回到赛场，不为成败只为超越，我理解了奥林匹克追求卓越的意义，成功让我自信，失败使我强大，4 次奥运会的经历让我明白，要不畏艰难，不负韶华。”吴静钰对跆拳道的热爱与执着以及不断突破自我的意志品质，深深地感染了现场的同学。

据介绍，举办跆拳道奥运冠军进校园系列活动是中国跆拳道协会贯彻落实国家体育总局相关要求的具体举措，通过组织奥运冠军进校园，向学生传播中华体育精神，带来积极向上的正能量，鼓励在校学生勇于挑战自我，追求卓越，成长为国家栋梁。中国跆拳道协会接下来还将持续推进奥运冠军进校园系列活动，让学生面对面与奥运冠军交流，更深入地了解跆拳道运动，感受体育的魅力。

（资料来源：《中国体育报》，2023 年 6 月 5 日，有改动）

考核测评

简述跆拳道基本技术

姓名：	院（系）：	学号：	日期：
得分：			
体育教师签字：			日期：

第十一章　野外生存

第一节　野外生存概述

一、野外生存及野外生存训练的定义

野外生存是指人在野外环境中，利用技能、工具来获取食物、住所及必要设备，以期在野外环境中可持续生存的行为和活动。

野外生存训练是指在远离居民点的山区、丛林、荒漠、高原和孤岛等野外环境中，在完全不依靠外部提供生存、生活资料的物质条件下，依靠个人、集体的努力维持生命、维持生活能力的训练。

二、开展野外生存训练的意义

（一）提升生存能力

随着科技文明的进步，虽然物质生活极大丰富，但人类的生存能力却不断下降。虽然科技的进步极大地方便了人们的生活，然而逆境生存能力对人类依然至关重要。近年来，面对自然的或人为的各种“突发事件”，许多人往往束手无策。因此，提升现代人的生存能力、挖掘现代人的潜能、增强现代人的体质和身体素质，是开展野外生存训练的真正价值所在。

（二）提高心理素质

野外生存训练不仅可以达到锻炼身体、增强体质的目的，还可以提高心理素质。人们通过在恶劣的野外环境中活动，可以磨炼意志，培养勇敢、冷静、坚忍、乐观的优良品质。

第二节　野外生存的基础知识

一、营地的选择

营地是野外休息和集结的地点。营地的选择必须遵循安全、方便、舒适的原则，在此基础上还要根据人数、活动性质、装备量等进行综合的考察。营地的选择一般应注意以下几点。

（1）营地要在接近水源的地方，但又要与水源保持一定距离，以避开前来饮水的野兽。

（2）不能在容易发生落石、滑坡等危险的地方扎营。

（3）营地要选择在背风、保持一定日照的地方。

（4）不要在野兽容易出没的地方扎营。

（5）营地要选择在平整的地方。

二、野外饮食

野外饮食主要包括准备野外食品与野外饮水等技能。

（一）野外食品

一般野外食品必须具备 3 个条件：不易腐坏、方便食用、富含营养。如果准备的野外食品不但营养丰富，而且重量轻、体积小、简单易做，那么不但能减轻野外活动者的负担，让人在活动过程中保持充沛的精力，还能大大增加野外活动的乐趣。

（二）野外饮水

1. 鉴别水质的方法

看：纯净的水在水层浅时无色透明，在水层深时呈浅蓝色。还可用玻璃杯盛水观察，一般水越清水质越好，水越浑则说明水里含的杂质越多。

闻：一般清洁的水是无味的，而被污染的水则常有一些异味。为了准确地辨别水的气味，可用一个干净的小瓶，装半瓶水，摇荡几下再闻；或把盛水的瓶子放在 60℃左右的热水中，打开瓶塞后立即闻，若闻到水里有异味就不能饮用。

辨：还可用水迹来鉴别水质。将水滴在白纸上面晾干后观察水迹。清洁的水是无斑迹的，若白纸上有斑迹则说明水中的杂质多、水质差，不能饮用。

2. 野外饮用水的净化方法

（1）渗透法。

当寻找到的水源里有飘浮的异物或水质浑浊不清时，可以在离水源 3~5 米之处向下挖一个50~80厘米深、直径约1米的坑，让水从砂、石、土的缝隙中自然渗出，然后轻轻地将已渗出的水取出，放入盒或壶等存水容器中。在取水时不要搅起坑底的泥沙，要保持水的清洁干净。

（2）过滤法。

当找到的水源泥沙混浊，有异物飘浮且有微生物或蠕虫、水蛭幼虫等，水源周围的环境又不适宜挖坑时，可找一个塑料袋（质量好、不容易破的）在底部刺些小眼；或者用棉制单手套、手帕、袜子、衣袖、裤腿等；也可用一个可乐瓶，去掉瓶底后倒置，再用小刀把瓶盖扎出几个小孔，然后自下向上依次填入2~4厘米厚的无土质干净的细沙5~7层，压紧按实，将不清洁的水慢慢地倒入自制的简易过滤器中，等到过滤器下面有水溢出时，即可用盒或壶将过滤后的水收集起来。如果对过滤后的水质不满意，可将过滤后的水再次进行过滤，直到满意为止。

（3）沉淀法。

将所找到的水收集到盒或壶等存水容器中，放入少量的明矾或木棉枝叶（捣烂）、仙人掌（捣烂）、核桃仁（捣烂）搅拌匀后沉淀30分钟，轻轻舀起上层的清水，不要搅起已沉淀的浊物。这样便能得到较为干净的水了。

3. 饮用水的消毒处理

一般说来，除泉水和井水（地下深水井）可直接饮用外，不管是河水、湖水、溪水、雪水、雨水、露水等，还是通过渗透、过滤、沉淀而得到的水，最好都要进行消毒处理后再饮用。

将净水药片放入存水容器中，搅拌摇晃，静置几分钟，即可饮用，多余的水可倒入壶中存储备用。一般情况下，1片净水药片可对1升的水进行消毒，如果水质较混浊可用2片。如果没有净水药片，可以用随身携带的医用碘酒代替净水药片对水进行消毒。在已净化过的水中，每1升水滴入三四滴碘酒，如果水质混浊，碘酒要加倍。搅拌摇晃后，水静置的时间也应长一些，20~30分钟后，水完成消毒，即可饮用或备用。

三、野外方向辨别

（一）利用指北针测方向

将指北针水平放置，并使水平气泡居中，待磁针静止后，标有“N”的黑色端指的方向就是北方。在具体测定某一方位时，可将指北针上的零刻度对准目标，使目标、零刻度和磁针中点在同一直线上。当指北针水平静止后，标有“N”的黑色端所指的刻度便是测量点至目标的方位。为了准确使用指北针，应尽量将其保持水平，且不要靠近磁性物质。

（二）利用北极星判定

在天气晴朗的夜间，可以根据北极星的位置来确定方位。北极星是正北天空的一颗

较亮的恒星，位于小熊星座的尾端。大熊星座（即北斗七星）由 7 颗明亮的星组成，形状像一把勺子；将勺底端两星的连线向勺子口的方向延长约两星间隔的 5 倍距离处有一颗比较大且较明亮的星，就是北极星。仙后星座和大熊星座分别位于北极星的两侧。因此，也可以根据仙后星座来判定方向。

（三）利用地物特征判定

有些地物特征与方向有关。独立大树，通常是朝南方的枝叶茂密、树皮光滑，朝北方的则相反。独立大树被砍伐后，树桩上的年轮通常朝北方间隔小，朝南方间隔大。山坡朝南方干燥、青草茂密，冬季积雪融化比较快；朝北方潮湿，易生青苔，冬季积雪比较快，融化比较慢。

（四）利用太阳判定

选择一块平整的地面，在地面上立一根细直的长杆，在太阳的照射下，地面上就会出现长杆的影子，将影子标示在地面上；等待片刻，再标示出此时长杆的影子；然后过两个影子的端点连成一条直线，此直线就是概略的东西方向线。如何判别东西方向呢？由于太阳是东出西落，其影子则沿相反方向移动，因此第一个影子的方向偏西，第二个影子的方向偏东。

思政课堂

中国地大（北京）学生野外实践活动走进遵义

近日，中国地质大学（北京）联合遵义师范学院举行“重走长征路，永远跟党走”野外实践活动，50 余名大学生在贵州遵义仙人山上奔走着。

“这些学生是户外运动专业，在学校学完相关课程后，报名参加野外实践活动。”中国地质大学（北京）体育部副教授杨文革说，“野外实践活动是户外运动课程的重要组成部分，是检验学生是否掌握户外运动相关理论知识和实践技能的良好机会。”

4 天 3 夜的野外实践活动结束，大学生们磨炼了意志、锻炼了身体，收获颇丰。野外急救、绳索救援、洞穴探险等项目也进行了教授与实践，很好地完成了户外技能学习预期目标。“很多学生说此次红色遵义行受益匪浅，思想上得到了洗礼，身体上得到了锻炼，技能上得到了提高。”杨文革说。

（资料来源：中国教育新闻网，2021 年 7 月 10 日，有改动）

考核测评

简述野外生存的基础知识

姓名：	院（系）：	学号：	日期：
得分：			
体育教师签字：			日期：

第十二章　传统养生运动

第一节　五禽戏

一、五禽戏概述

五禽戏是东汉名医华佗根据古代导引、吐纳之术，研究了虎、鹿、熊、猿、鸟的活动特点，并结合人体脏腑、经络和气血的功能，编制的一套具有民族风格特色的导引术。五禽戏寓医理于动作之中，寓保健康复效益于生动形象的“戏”之中。这是五禽戏区别于其他导引术的显著特征。

二、五禽戏的手形介绍

虎爪：五指张开，虎口撑圆，五指的第一、第二指关节弯曲下扣。（图 12–1–1）

鹿指：拇指向外撑开、伸直，食指、小指伸直，中指、无名指弯曲内扣。（图 12–1–2）

熊掌：五指弯曲，拇指扣压于食指第一指节上，其他四指并拢弯曲，虎口撑圆。（图 12–1–3）

猿勾：五指指腹捏拢，屈腕。（图 12–1–4）

鸟翅：五指伸直，拇指、食指、小指向上翘起，无名指、中指并拢向下。（图 12–1–5）

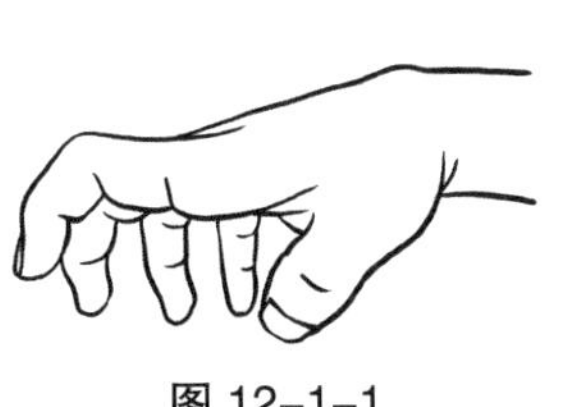

图 12–1–1

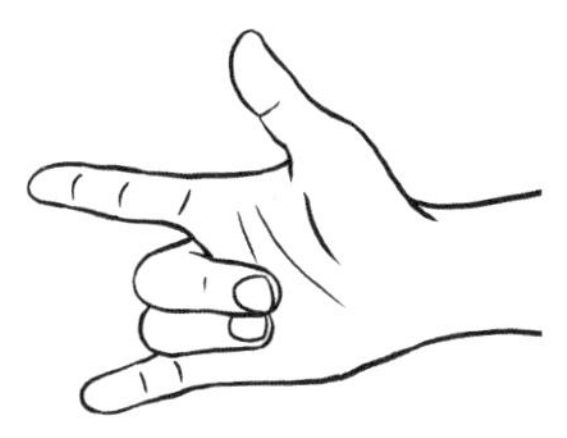

图 12–1–2

图 12–1–3

图 12-1-4

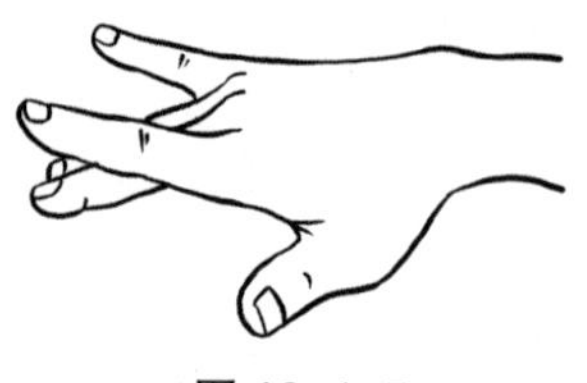
图 12-1-5

三、五禽戏的动作说明

预备势

（1）并步直立，两手自然垂于体侧。（图 12-1-6）

（2）左脚向左平开一步，两脚距离稍宽于肩，两膝微屈。（图 12-1-7）

（3）屈肘内收，掌心朝里，两臂上抬，与胸同高，掌心朝上。（图 12-1-8）

（4）两掌下按至腹前。（图 12-1-9）

注意：重复（2）~（3）动作 3 次后，两手自然垂于体侧，目视前方。（图 12-1-10）

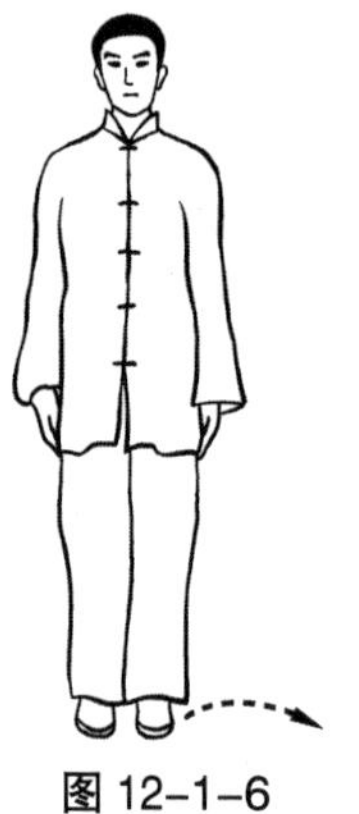
图 12-1-6

图 12-1-7

图 12-1-8

图 12-1-9

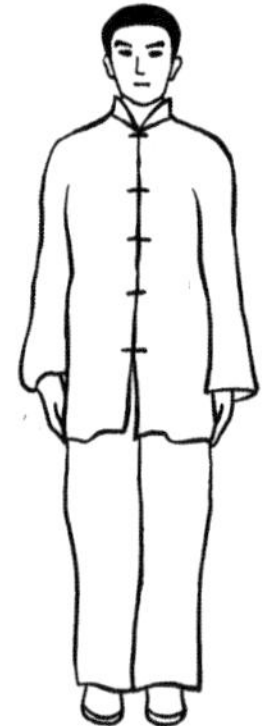
图 12-1-10

第一戏　虎戏

第一式　虎举

（1）十指撑开，弯曲成虎爪，目视两掌。（图 12–1–11）

（2）两臂外旋，小指开始握拳。

（3）两臂上提至肩前，目视两拳。（图 12–1–12）

（4）十指撑开，举至头上方再成虎爪。（图 12–1–13）

（5）外旋握拳，拳心相对，目视两拳，两拳下拉至肩前下方变掌。（图 12–1–14）

（6）两掌下按于腹前。（图 12–1–15）

注意：重复（1）~（6）动作 3 遍后，两手自然垂于体侧，目视前方。（图 12–1–16）

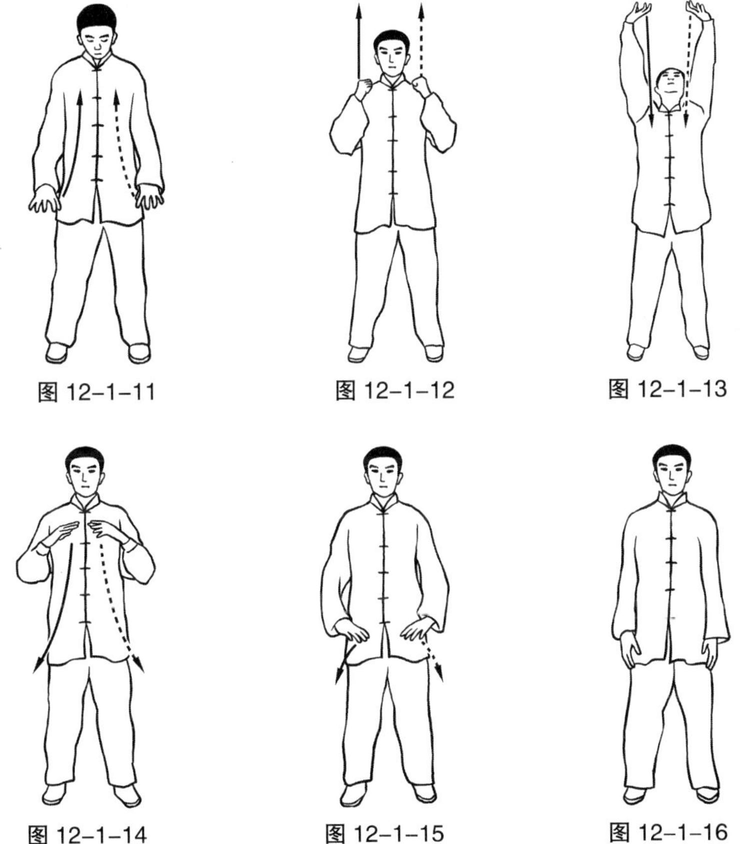

图 12–1–11　图 12–1–12　图 12–1–13

图 12–1–14　图 12–1–15　图 12–1–16

第二式　虎扑

（1）两手握空拳，沿身体两侧上提至肩前方。（图 12–1–17）

（2）两手向上画弧至头上方成虎爪，上身稍后仰。

（3）上体前俯，虎爪向前、向下扑出至水平，目视前方。（图 12–1–18）

（4）屈膝下蹲，两手画弧至膝两侧，目视前下方。（图 12–1–19）

（5）伸膝，送髋，挺腹，后仰，同时两手握空拳沿体侧上提至胸侧。（图 12–1–20）

（6）左腿提膝，两手上举。（图 12–1–21）

（7）左脚向前迈步，脚跟着地，右腿屈膝成左虚步；两拳变虎爪向前下扑至膝两侧。（图 12–1–22）

（8）上体抬起，左脚收回，开步站立，两手自然垂于体侧，目视前方。（图 12–1–23）

注意：右势动作同左势动作，唯方向相反，一左一右为 1 遍，共 3 遍，完成后，两手侧起调息 1 次。（图 12–1–24、图 12–1–25）

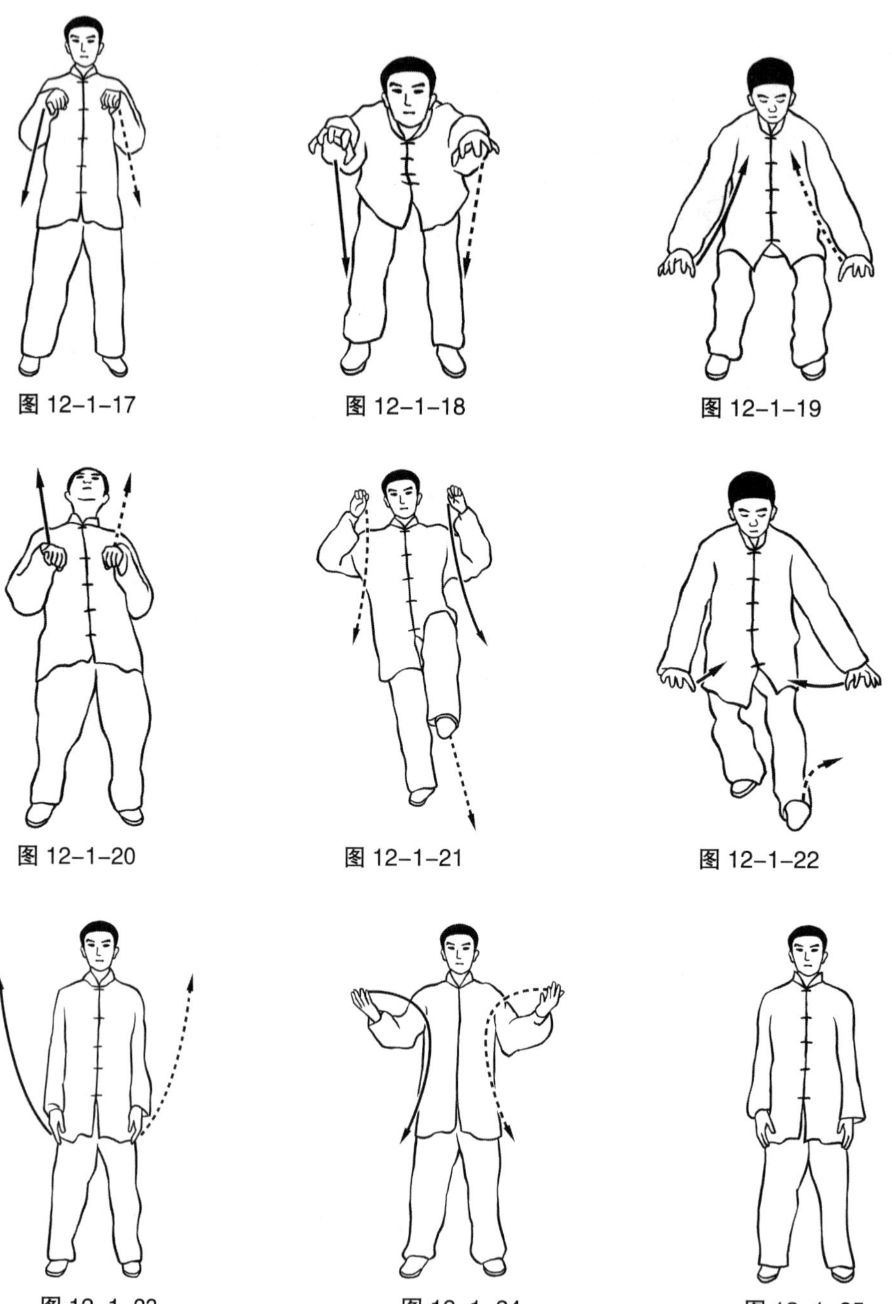

图 12–1–17　图 12–1–18　图 12–1–19

图 12–1–20　图 12–1–21　图 12–1–22

图 12–1–23　图 12–1–24　图 12–1–25

第二戏　鹿戏

第一式　鹿抵

（1）屈膝，重心右移，左脚向左前方迈出，脚跟着地；两手握空拳朝右侧上抬至与肩同高。（图 12–1–26）

（2）重心前移，左脚脚尖外展成左弓步；身体左转，两手变鹿指向上、向左、向后摆；目视右脚。（图 12–1–27）

（3）身体右转，收左脚成开立步，两手向上、向右、向下摆，自然垂于体侧。（图 12–1–28）

注意：右势动作同左势动作，唯方向相反，一左一右为 1 遍，共 3 遍。

图 12–1–26

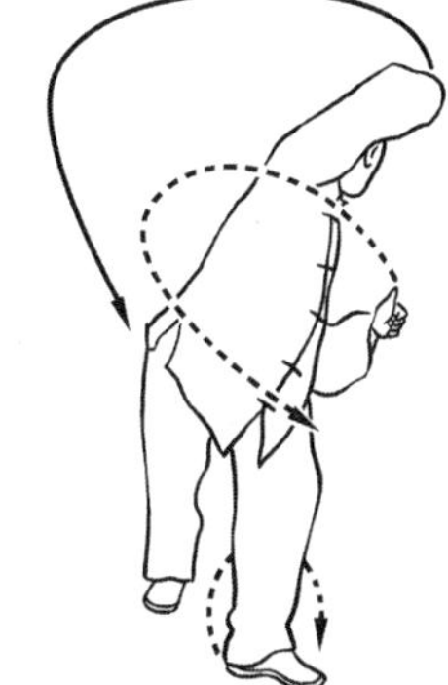

图 12–1–27

图 12–1–28

第二式　鹿奔

（1）左脚屈膝提起，两手上提在腰间握空拳。

（2）左脚向前蹬出，两手继续上提至胸侧。

（3）左脚下落成左弓步，两拳前伸至与肩同高，屈腕。（图 12–1–29）

（4）重心后坐，左腿伸直，两臂内旋。右拳变鹿指，手背相对，低头，弓背，收腹。（图 12–1–30）

（5）上体抬起，重心前移成左弓步，臂外旋，还原成空拳。（图 12–1–31）

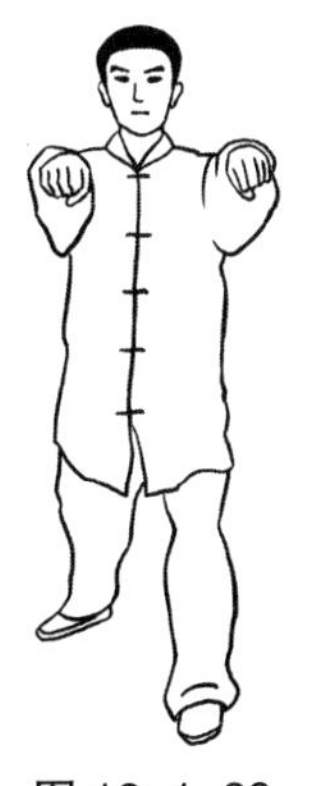

图 12–1–29

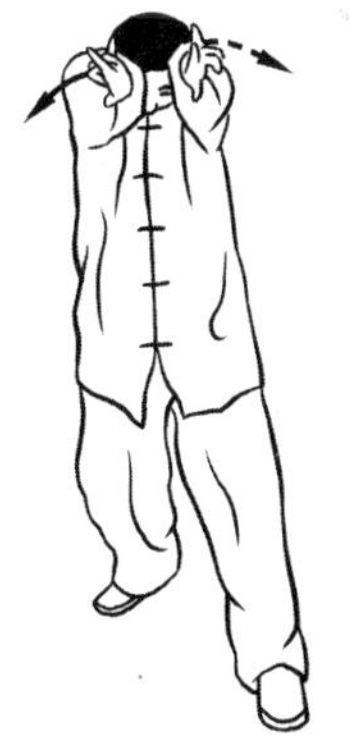

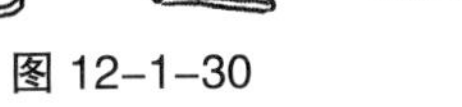

图 12–1–30

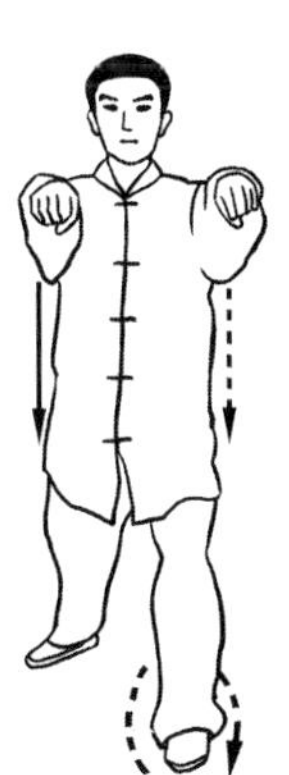

图 12–1–31

（6）收左脚成开立步，拳变掌回落至体侧。（图 12–1–32）

注意：右势动作同左势动作，唯方向相反，一左一右为 1 遍，共 3 遍。完成后，两手侧起调息 1 次。（图 12–1–33、图 12–1–34）

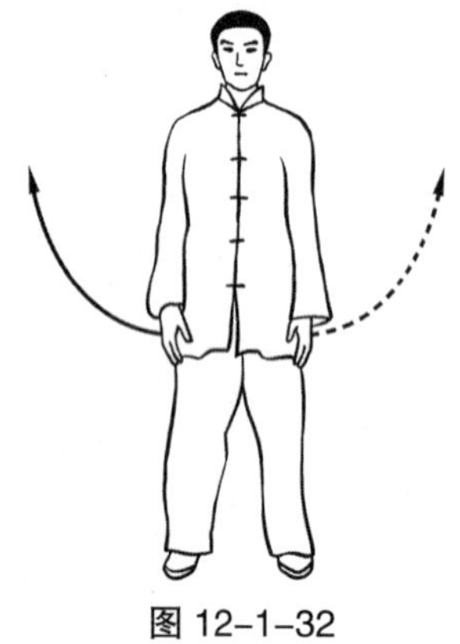
图 12–1–32

图 12–1–33

图 12–1–34

第三戏 熊戏

第一式 熊运

（1）两掌变熊掌，置于下腹部；目视前方。（图 12–1–35）

（2）两手随上体顺时针摇晃，沿右肋部、上腹部、左肋部、下腹部画圆。（图 12–1–36 至图 12–1–38）

（3）沿逆时针画圆，顺、逆时针画图各做 3 次。

（4）两手变掌下落于体侧。

图 12–1–35

图 12–1–36

图 12–1–37

图 12–1–38

第二式 熊晃

（1）重心右移，左髋上提，左腿屈膝提起，两掌变熊掌。（图 12–1–39）

（2）左脚向左前落地成左弓步；左臂内旋前靠至左膝前上方，右臂摆至体后。（图 12–1–40）

（3）身体左转，重心后坐；拧腰晃肩，右臂前摆，左臂后摆。（图 12–1–41）

（4）身体右转，重心前移；左腿屈膝，左臂前摆，右臂后摆。（图 12–1–42）

注意：右势动作同左势动作，唯方向相反，一左一右为 1 遍，共 3 遍。完成后，左脚上步成开立步，两臂自然下垂，两手侧起调息 1 次。

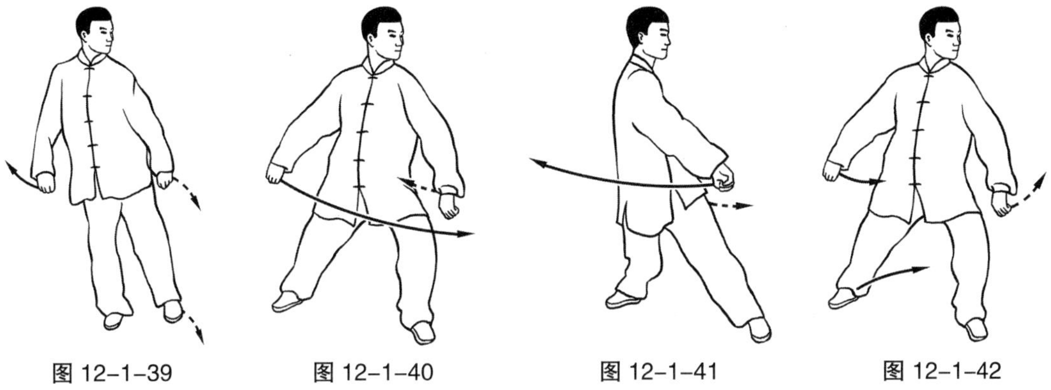

图 12–1–39　图 12–1–40　图 12–1–41　图 12–1–42

第四戏　猿戏

第一式　猿提

（1）两掌摆至体前，手背相对。（图 12–1–43）

（2）两掌同时外旋抓拢成猿勾。（图 12–1–44）

（3）两勾上提，耸肩缩项，脚跟提起，头向左转。（图 12–1–45）

（4）头转正，勾手变掌，下按至体侧。

注意：右势动作同左势动作，唯方向相反，一左一右为 1 遍，共 3 遍。

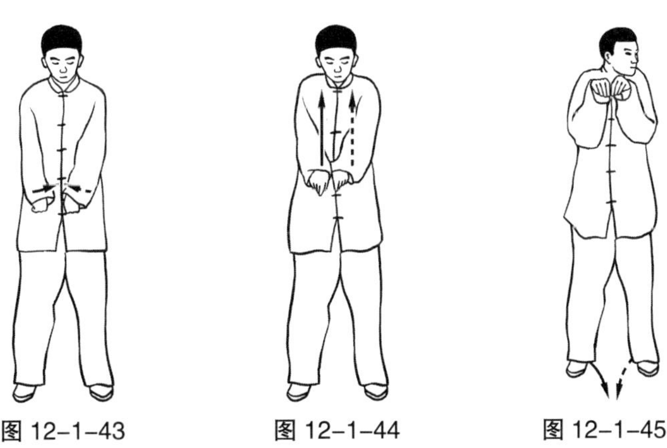

图 12–1–43　图 12–1–44　图 12–1–45

第二式　猿摘

（1）左脚向左后方撤步，右掌朝右前方摆出，左掌变猿勾，收于左腰侧。（图 12–1–46）

（2）重心后移，右脚收回脚尖点地成丁步，右掌向下划至头左侧。（图 12–1–47）

（3）右掌翻掌下按于左髋侧，目视右掌。（图 12–1–48）

图 12–1–46

图 12–1–47

图 12–1–48

（4）右脚朝右前方迈出，重心上移；右掌划至右上侧变猿勾，左掌向上伸出，屈腕成猿勾。（图 12–1–49）

（5）重心后移，左勾握固，右勾变掌下划。（图 12–1–50）。

（6）右脚收回成开立步；左勾收至左耳侧变掌，成托桃状；右掌划至左肘下捧托。（图 12–1–51）

注意：右势动作同左势动作，唯方向相反，一左一右为 1 遍，共 3 遍。完成后，左脚还原成开立步，两掌下按放于体侧，两手侧起调息 1 次。（图 12–1–52）

图 12–1–49

图 12–1–50

图 12–1–51

图 12–1–52

第五戏　鸟戏

第一式　鸟伸

（1）两腿屈膝下蹲，两掌叠于腹前。（图 12–1–53）

（2）两掌上举至头前上方，身体微前倾。（图 12–1–54）

（3）两腿屈膝下蹲，两掌相叠下按至腹前。（图 12–1–55）

（4）重心右移，右腿蹬直，左腿伸直向后抬起；两掌变鸟翅朝两侧分开。（图 12–1–56）

注意：右势动作同左势动作，唯方向相反，一左一右为 1 遍，共 3 遍。

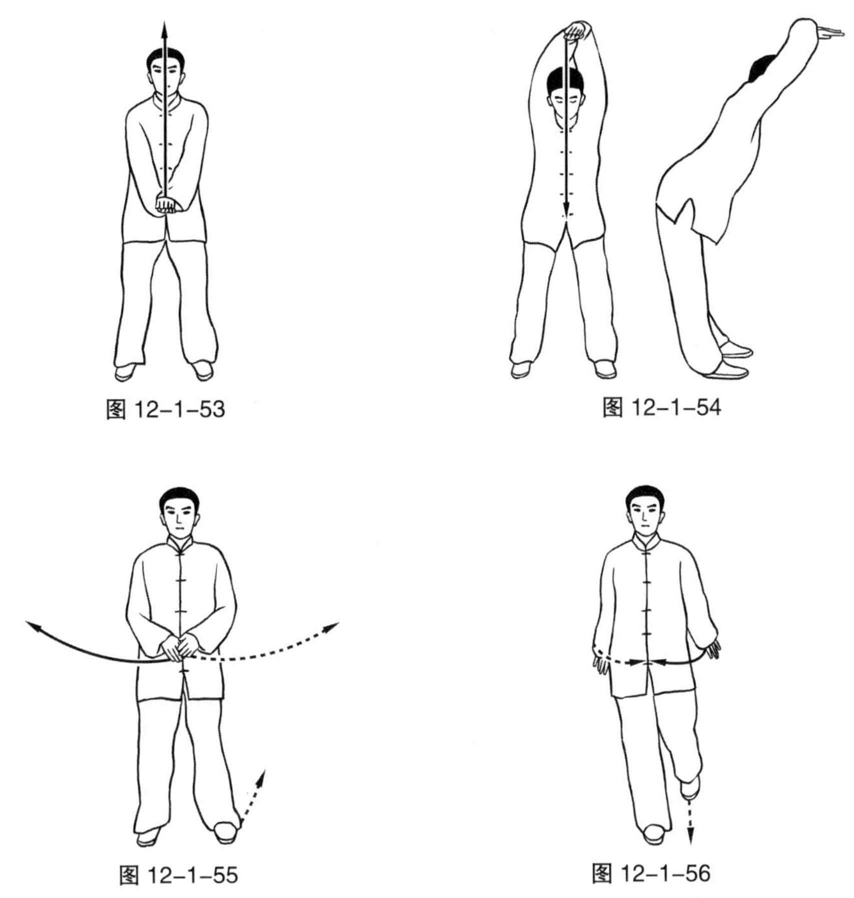

图 12–1–53　　图 12–1–54

图 12–1–55　　图 12–1–56

第二式　鸟飞

（1）右脚下落成开立步，屈膝半蹲；两掌成鸟翅合于腹前。（图 12–1–57）

（2）右腿直立，左腿提膝独立；两掌上摆至侧平举。（图 12–1–58）

（3）右腿屈膝，左脚尖点地，两掌成鸟翅合于腹前。（图 12–1–59）

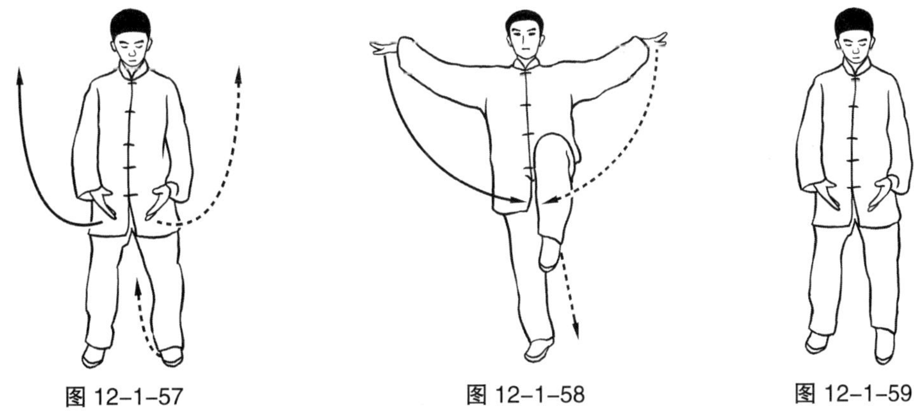

图 12–1–57　　图 12–1–58　　图 12–1–59

（4）右腿直立，左腿提膝独立；两手上摆至头上方，手背相对。（图 12–1–60）

（5）左脚下落成开立步，两腿微屈；两手变掌合于腹前（图 12-1-61）。

注意：右势动作同左势动作的（2）~（4），唯方向相反，一左一右为 1 遍，共 3 遍。完成后两腿直立，两掌自然放于体侧，两手侧起调息 1 次。

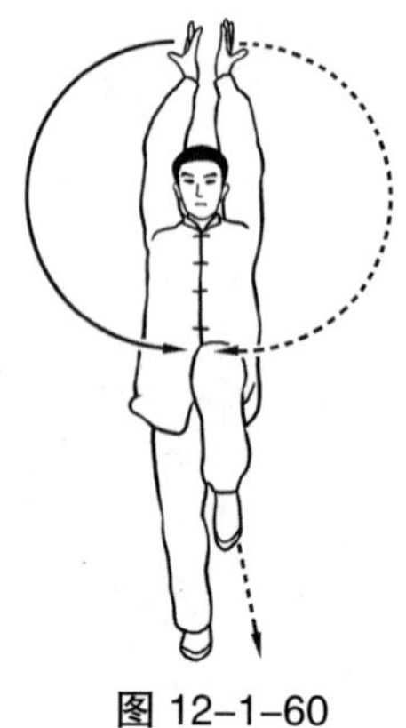
图 12-1-60

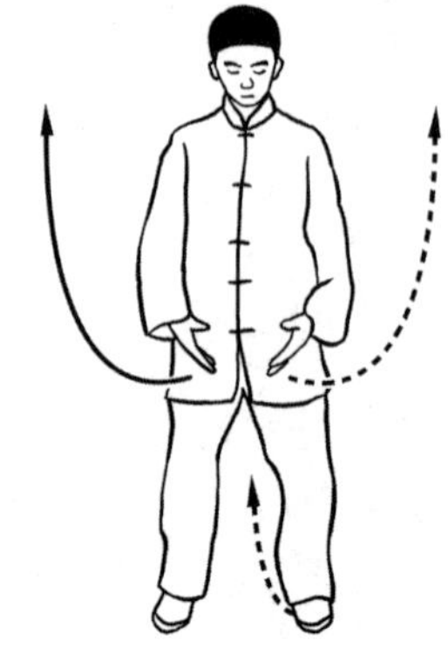
图 12-1-61

收势

（1）两掌从体侧上摆至头顶上方，掌心朝下。（图 12-1-62、图 12-1-63）
（2）屈肘下按至腹前，目视前方。（图 12-1-64）
（3）两掌斜下侧起，内旋，掌心朝后。
（4）两臂外旋，向前合抱。（图 12-1-65）
（5）两掌相叠于下腹部，眼微闭。（图 12-1-66）
（6）几分钟后，睁眼，两手合掌，在胸前搓热。（图 12-1-67）
（7）掌贴面部，由下至上浴面 3 次。（图 12-1-68）
（8）两掌向后沿头顶、耳后、胸前下落于体侧，目视前方。（图 12-1-69）
（9）收左脚并步直立。（图 12-1-70）

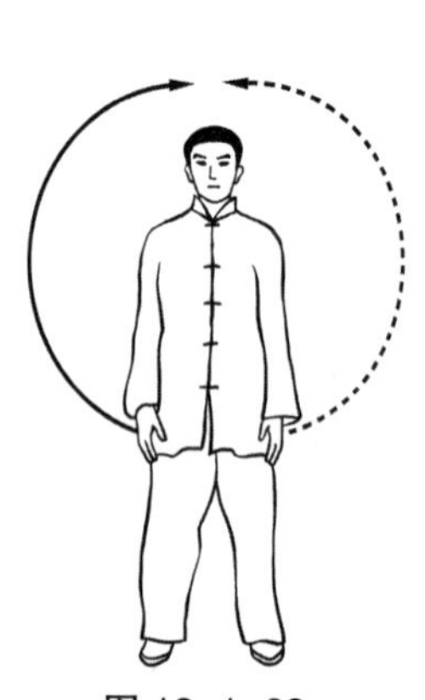
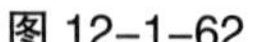
图 12-1-62

图 12-1-63

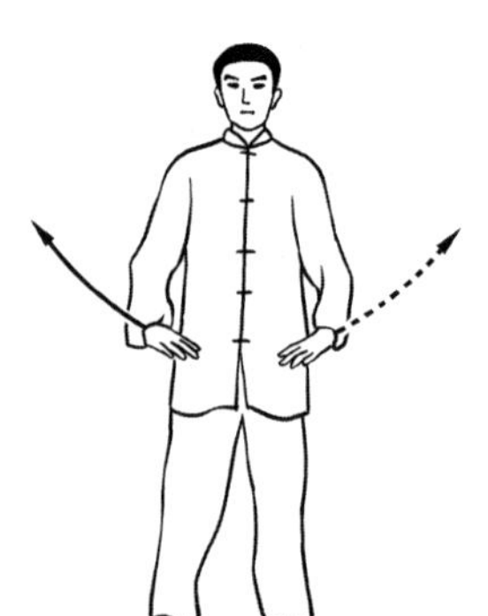
图 12-1-64

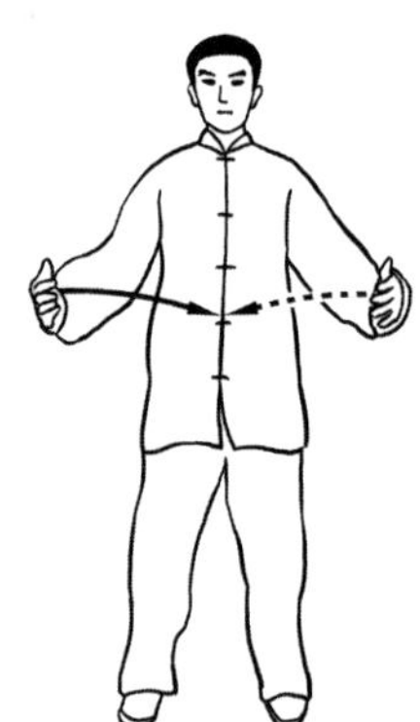
图 12-1-65

图 12–1–66

图 12–1–67

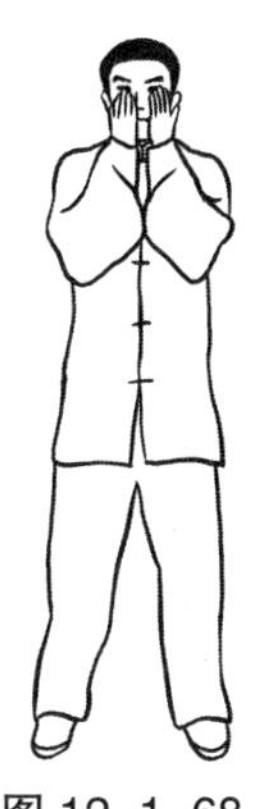
图 12–1–68

图 12–1–69

图 12–1–70

思政课堂

洛阳举行校园五禽戏比赛

日前，河南洛阳老城区校园五禽戏比赛在状元红初级中学体育场举行。此次比赛分初中组和小学组两个组别，共有 17 支代表队 1800 余名运动员参赛。运动场上，选手们把威风凛凛的虎、轻盈灵活的鹿、憨态可掬的熊、聪明机灵的猿、飘逸潇洒的鸟演绎得淋漓尽致。

经过激烈角逐，古香小学和状元红初级中学凭借规范整齐的动作和形象逼真的表演分别摘得小学组和初中组桂冠。

老城区通过举办本次校园五禽戏比赛，推广五禽戏，既丰富了中小学校园体育文化生活，促进全民健身事业蓬勃发展，也弘扬和传承了中华传统体育文化，提高了青少年身体素质和传统文化素养，促进老城地域特色传统体育项目蓬勃发展，为洛阳传统体育文化增光添彩。

（资料来源：《中国体育报》，2023 年 6 月 29 日，有改动）

第二节　八段锦

八段锦是以自身形体活动、呼吸吐纳、心理调节相结合为主要运动形式的民族传统体育项目。八段锦的功法特点是：柔和缓慢，圆活连贯；松紧结合，动静相兼；神与形合，气寓其中。八段锦的习练要领是：松静自然，准确灵活，练养相兼，循序渐进。

预备势

动作（1）：两脚并步站立；两臂自然垂于体侧；身体中正，目视前方。（图 12–2–1）

动作（2）：松腰沉髋，身体重心移至右腿；左脚向左开步，脚尖朝前，两脚距离约与肩同宽；目视前方。（图 12–2–2）

动作（3）：两臂内旋，两掌分别向两侧摆起，约与髋同高，掌心向后；目视前方。（图 12–2–3）

动作（4）：上动不停，两腿膝关节稍屈；同时，两臂外旋，向前合抱于腹前成圆弧形，与脐同高，掌心向内，两手间距约 10 厘米；目视前方。（图 12–2–4）

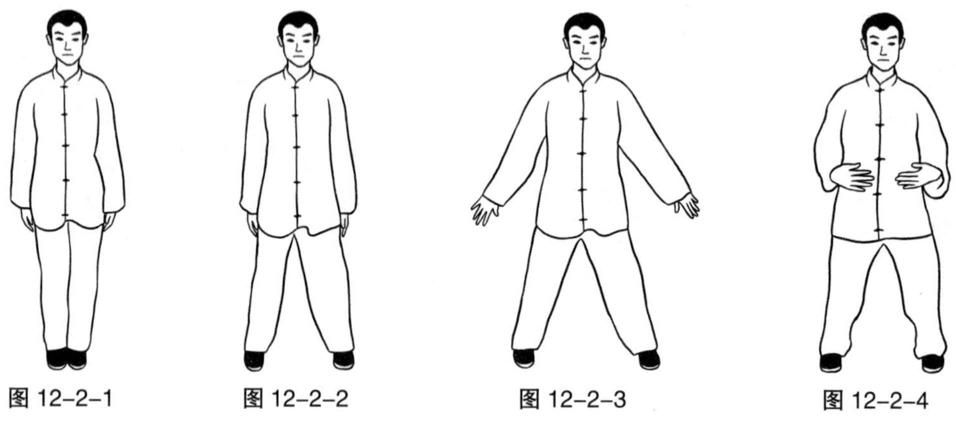

图 12–2–1　图 12–2–2　图 12–2–3　图 12–2–4

第一式　两手托天理三焦

动作（1）：接上式。两臂外旋微下落，两掌五指分开在腹前交叉，掌心向上；目视前方。（图 12–2–5）

动作（2）：上动不停，两腿徐缓挺膝伸直；同时，两掌上托至胸前，随之两臂内旋向上托起，掌心向上；抬头，目视两掌。（图 12–2–6）

动作（3）：上动不停，两臂继续上托，肘关节伸直；同时，下颌内收，动作略停；目视前方。（图 12–2–7）

动作（4）：身体重心缓缓下降；两腿膝关节微屈；同时，十指慢慢分开，两臂分别向身体两侧下落，两掌捧于腹前，掌心向上；目视前方。（图 12–2–8）

注：本式上托下落为 1 遍，共做 6 遍。

图 12–2–5

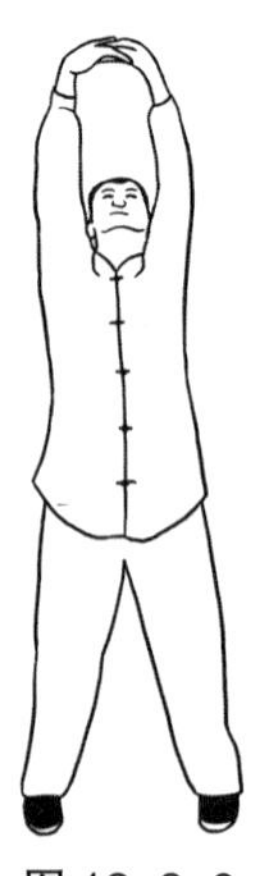

图 12–2–6

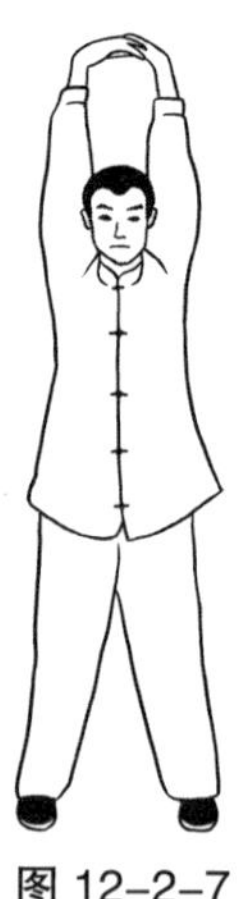

图 12–2–7

图 12–2–8

第二式　左右开弓似射雕

动作（1）：接上式。身体重心右移；左脚向左开步站立，两腿膝关节自然伸直；同时，两掌向上交叉于胸前，左掌在外，右掌在内，掌心向内；目视前方。（图 12–2–9）

动作（2）：两腿慢慢屈膝半蹲成马步；同时，右手成爪，向右拉至肩前；左手成“八”字掌，左臂内旋向左推出，与肩同高，掌心向左，食指指尖向上，如拉弓射箭之势；动作略停；目视左掌。（图 12–2–10）

动作（3）：身体重心向右移；同时，右手五指伸开成掌，向上、向右画弧，与肩同高，指尖向上，掌心斜向前；左手手指伸开成掌，掌心斜向后；目视右掌。（图 12–2–11）

动作（4）：上动不停，重心继续右移；左脚回收成并步站立；同时，两掌向两侧下落，捧于腹前，指尖相对，掌心向上；目视前方。（图 12–2–12）

动作（5）至动作（8）：动作要领同动作（1）至动作（4），唯左右相反。（图 12–2–13 至图 12–2–16）

注：本式一左一右为 1 遍，共做 3 遍。做第 3 遍最后一步时，身体重心继续向左移；右脚向右开步站立，两脚距离与肩同宽，屈膝下蹲，两掌不变；目视前方。（图 12–2–17）

图 12–2–9　图 12–2–10　图 12–2–11

图 12–2–12　图 12–2–13　图 12–2–14

图 12-2-15

图 12-2-16

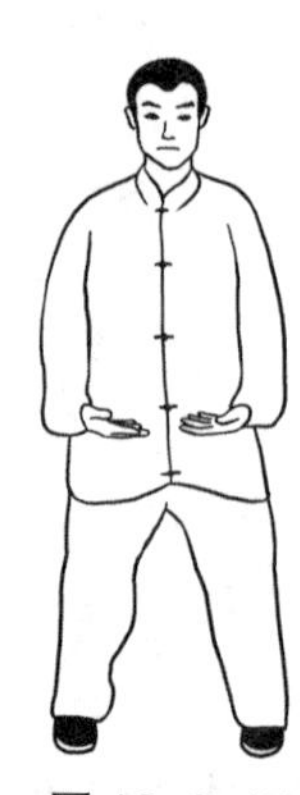
图 12-2-17

第三式　调理脾胃须单举

动作（1）：接上式。两腿慢慢伸直；同时，左掌上托，左臂外旋上穿经面前，随之手臂内旋上举至头左上方，肘关节微屈，力达掌根，掌心向上，指尖向右；同时，右掌微上托，随之手臂内旋下按至右髋旁，肘关节微屈，力达掌根，掌心向下，指尖向前，动作略停；目视前方。（图 12-2-18）

动作（2）：松腰沉髋，身体重心慢慢下降；两腿膝关节微屈；同时，左臂屈肘外旋，左掌经面前下落于腹前，掌心向上；右臂外旋向上捧于腹前，两掌指尖相对，相距约 10 厘米，掌心向上；目视前方。（图 12-2-19）

动作（3）、（4）：动作要领同动作（1）、（2），唯左右相反。（图 12-2-20、图 12-2-21）。

注：本式一左一右为 1 遍，共做 3 遍。做第 3 遍最后一步时，两腿膝关节微屈；同时，两臂屈肘，两掌下按于两髋旁，掌心向下，指尖向前；目视前方。（图 12-2-22）

图 12-2-18

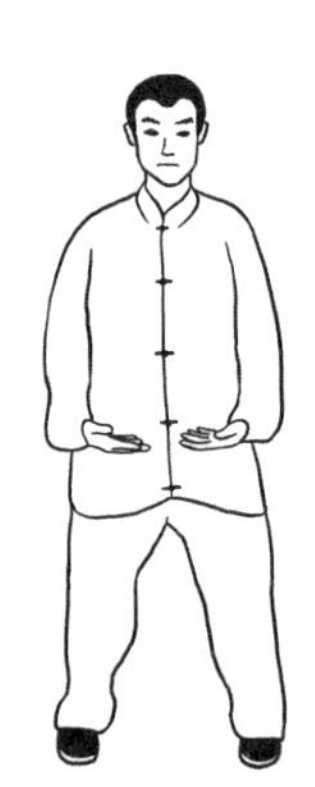
图 12-2-19

图 12-2-20

图 12-2-21

图 12-2-22

第四式　五劳七伤往后瞧

动作（1）：接上式。两腿慢慢伸直；同时两臂伸直，掌心向后，指尖向下，目视前方；上动不停，两臂充分外旋，掌心向外；头向左后方转，动作略停；目视左斜后方。

（图 12-2-23、图 12-2-24）

动作（2）：松腰沉髋，身体重心慢慢下降；两腿膝关节微屈；同时，两臂内旋按于两髋旁，掌心向下，指尖向前；目视前方。（图 12-2-25）

动作（3）：动作要领同动作（1），唯左右相反。（图 12-2-26、图 12-2-27）

动作（4）：动作要领同动作（2）。（图 12-2-28）

注：本式一左一右为 1 遍，共做 3 遍。做第 3 遍最后一步时，两腿膝关节微屈；同时，两掌捧于腹前，指尖相对，掌心向上；目视前方。（图 12-2-29）

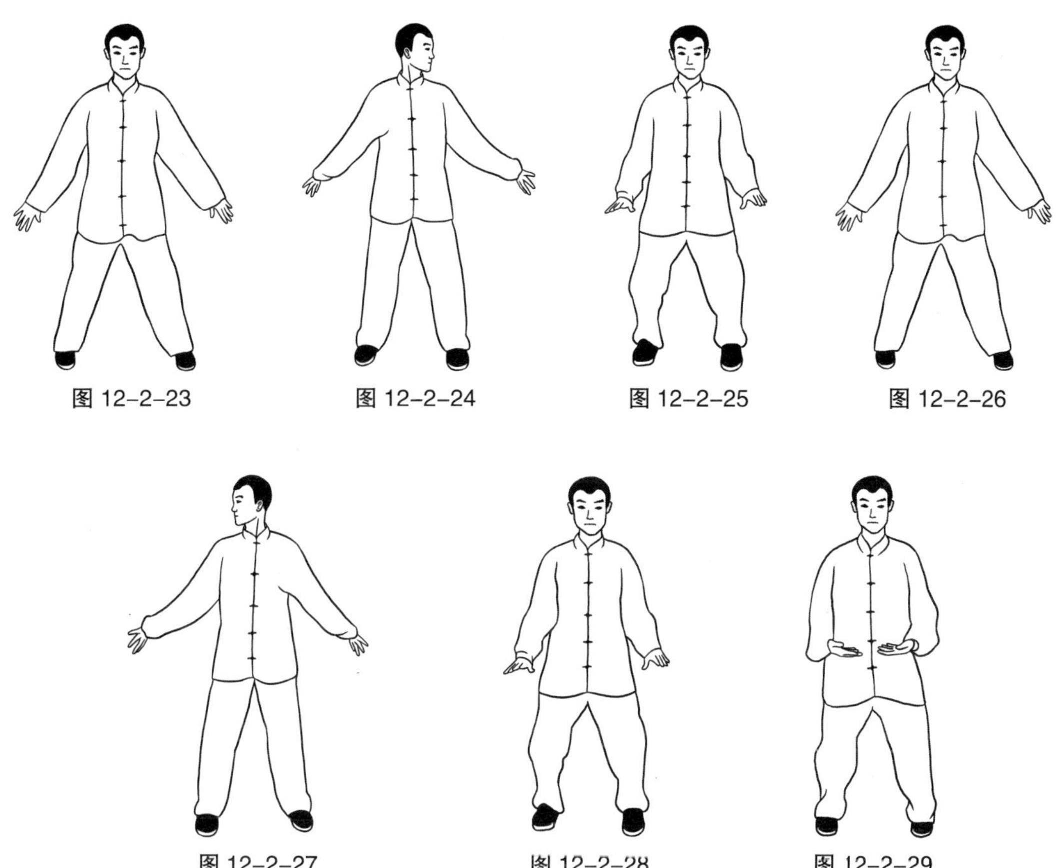

图 12-2-23　图 12-2-24　图 12-2-25　图 12-2-26

图 12-2-27　图 12-2-28　图 12-2-29

第五式　摇头摆尾去心火

动作（1）：接上式。身体重心向左移；右脚向右开大步站立，两腿膝关节自然伸直；同时，两掌上托与胸同高时，两臂内旋，两掌继续上托至头上方，肘关节微屈，掌心向上，指尖相对；目视前方。（图 12-2-30）

动作（2）：上动不停，两腿慢慢屈膝下蹲成马步；同时，两臂向两侧下落，两掌扶于膝关节上方，肘关节微屈，小指侧向前；目视前方。（图 12-2-31）

动作（3）：身体重心向上稍升起，然后向右移；上体向右倾，目视左斜前方，随之俯身，低头看右脚内侧。（图 12-2-32）

图 12-2-30

图 12-2-31

图 12-2-32

动作（4）：身体重心向上稍升起，然后向左移；上体向左倾，目视右斜前方，随之俯身，低头看左脚内侧。（图 12-2-33）

动作（5）：身体重心右移摆尾成马步；同时，头向后摇，由右向左约 270°，上体立起，随之下颌微收；目视前方。（图 12-2-34）

动作（6）至动作（8）：动作要领同动作（3）至动作（5），唯左右相反。（图 12-2-35 至图 12-2-37）

注：本式一左一右为 1 遍，共做 3 遍。做完 3 遍后，身体重心左移，右脚回收成开立步，两脚距离与肩同宽；同时，两掌向外经两侧向上举，掌心相对；目视前方（图 12-2-38）。随后松腰沉髋，身体重心慢慢下降，两腿膝关节微屈；同时屈肘两掌经面前下按至腹前，掌心向下，指尖相对；目视前方（图 12-2-39）。

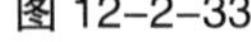

图 12-2-33

图 12-2-34

图 12-2-35

图 12–2–36

图 12–2–37

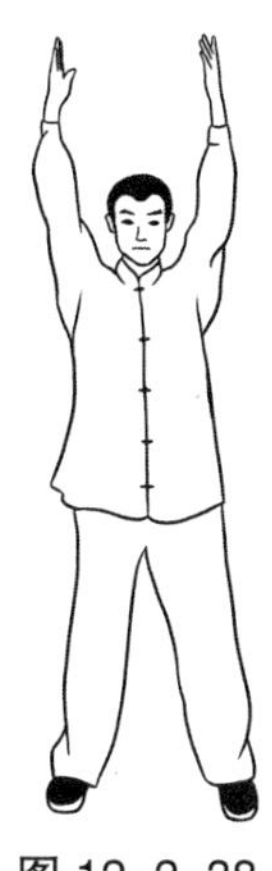
图 12–2–38

图 12–2–39

第六式　两手攀足固肾腰

动作（1）：接上式。两腿慢慢伸直站立；同时两掌指尖向前，两臂向前、向上举起，肘关节伸直，掌心向前；目视前方。（图 12–2–40）

动作（2）：两臂外旋至掌心相对，屈肘下按于胸前，掌心向下，指尖相对；目视前方。（图 12–2–41）

动作（3）：上动不停，两臂外旋，两掌掌心向上，随之两掌顺腋下向后插；目视前方。（图 12–2–42）

动作（4）：随后两掌掌心向内沿脊柱两侧向下摩运至臀部；随之上体前俯，两掌继续沿腿后方向下摩运，经脚两侧置于脚面；抬头，动作略停；目视前下方。（图 12–2–43）

动作（5）：两掌沿着地面前伸，随之用手臂带动上体起立，两臂伸直上举，掌心向前；目视前方。（图 12–2–44）

注：本式一上一下为 1 遍，共做 6 遍。做完 6 遍后，松腰沉髋，重心慢慢下降；两腿膝关节微屈，两掌向前下按至腹前，掌心向下，指尖向前；目视前方。（图 12–2–45）

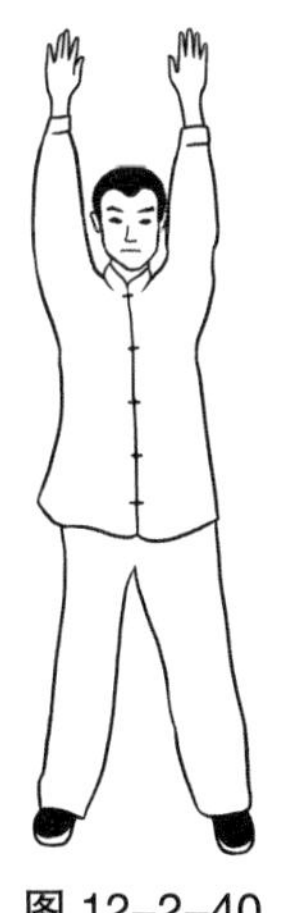
图 12–2–40

图 12–2–41

图 12–2–42

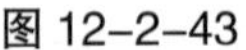
图 12–2–43

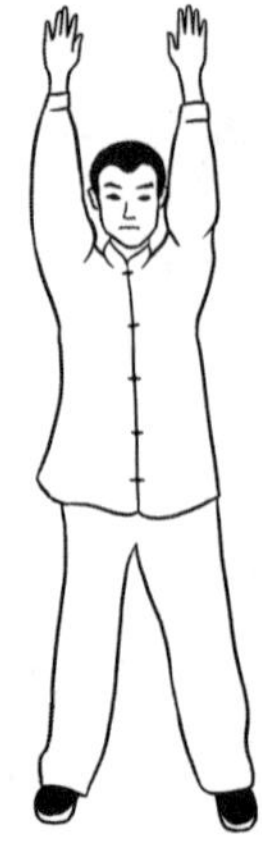
图 12–2–44

图 12–2–45

第七式　攒拳怒目增气力

动作（1）：接上式。身体重心右移，左脚向左开步，然后两腿慢慢屈膝半蹲成马步；同时，两掌握固，抱于腰侧，拳眼朝上；目视前方。（图 12–2–46）

动作（2）：左拳慢慢用力向前冲出，与肩同高，拳眼朝上；瞪目，看左拳冲出方向。（图 12–2–47）

动作（3）：左臂内旋，左拳变掌，虎口朝下；目视左掌（图 12–2–48）。左臂外旋，肘关节微屈，左臂向左缠绕，变掌心向上后握固；目视左拳（图 12–2–49）。

动作（4）：屈肘，回收左拳至腰侧，拳眼朝上；目视前方。（图 12–2–50）

动作（5）至动作（7）：动作要领同动作（2）至动作（4），唯左右相反。（图 12–2–51 至图 12–2–54）

注：本式一左一右为 1 遍，共做 3 遍。做完 3 遍后，身体重心右移，左脚回收成并步站立；同时，两拳变掌，自然垂直于体侧；目视前方。（图 12–2–55）

图 12–2–46

图 12–2–47

图 12–2–48

图 12-2-49 　　图 12-2-50 　　图 12-2-51

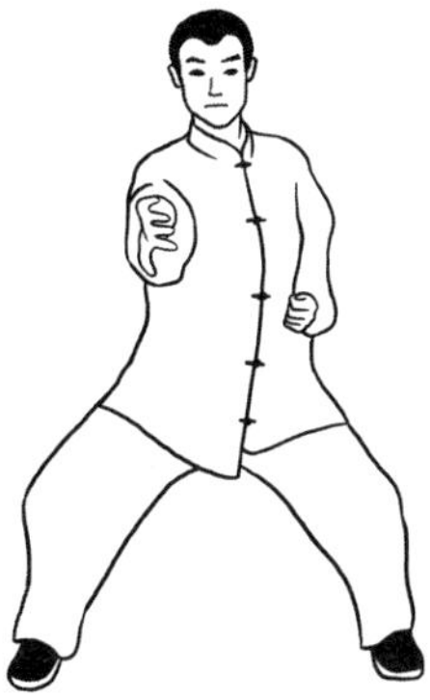

图 12-2-52 　　图 12-2-53 　　图 12-2-54 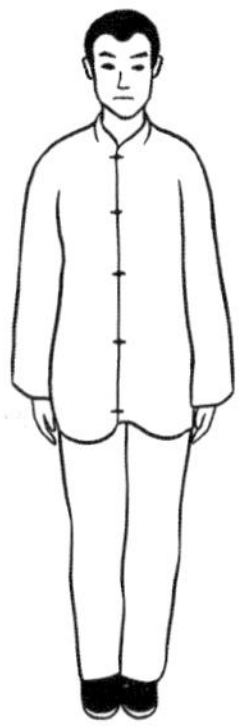　　图 12-2-55

第八式　背后七颠百病消

动作（1）：接上式。两脚脚跟提起；头上顶，动作略停；目视前方。（图 12-2-56、图 12-2-57）

动作（2）：两脚脚跟下落时先下落到脚掌中间，然后两脚脚跟下落轻震地面；目视前方。（图 12-2-58）

注：本式一起一落为 1 遍，共做 7 遍。

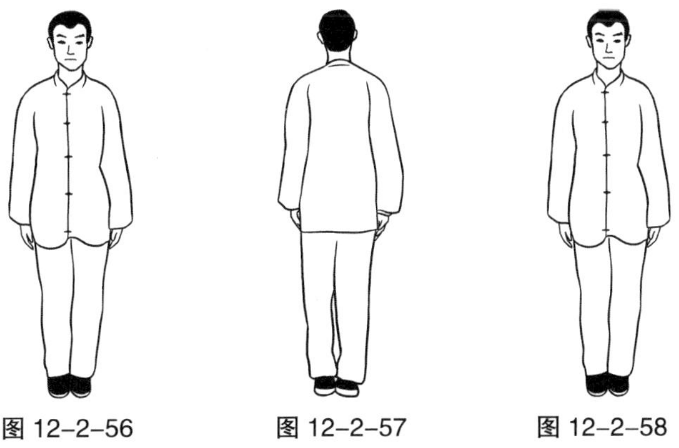

图 12-2-56　　图 12-2-57　　图 12-2-58

收势

动作（1）：接上式。两臂内旋，向两侧摆起，与髋同高，掌心向后；目视前方。（图 12–2–59）

动作（2）：两臂屈肘，两掌相叠置于丹田处（男性左手在内，女性右手在内）；目视前方。（图 12–2–60）

动作（3）：两臂自然下落，两掌轻贴于腿外侧；目视前方。（图 12–2–61）

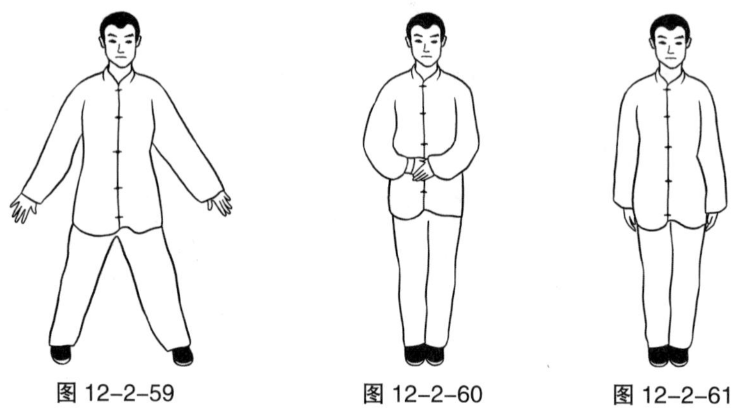

图 12–2–59　　图 12–2–60　　图 12–2–61

思政课堂

让年轻人爱上八段锦

“很多人认为八段锦只有老人才能练，其实这是误区，年轻人也很需要、很适合习练八段锦。”说这话的是社会体育指导员王喻，不仅因为“干什么吆喝什么”，更因为多年基层体育项目推广累积的经验。

2011 年，王喻大学毕业后，进入一家央企工作，虽然工作稳定，但也患了“职业病”——久坐导致的头痛、腰痛……王喻明白了，钱是永远挣不完的，身体健康才最重要。于是她毅然辞去了工作，投身钻研八段锦，并在基层传播推广项目。

“八段锦是抻拉全身筋骨的导引术，通过抻拉全身的筋骨，人会感觉到全身松软舒适、身心舒畅无比，就像长时间伏案工作后伸了个懒腰、打了个哈欠一样，所以锻炼完会感觉到非常舒爽。现在的年轻人熬夜、久坐、吃不健康的食品，很少运动，导致身体素质下降，而八段锦的功效刚好‘对症’。”说起八段锦，王喻侃侃而谈。

从公司辞职后，王喻受邀参加湖北广电经济广播《乐享好时光》健康栏目，讲授八段锦功法，广受好评。此外，王喻还参加北京体育大学运动康养师学习；随武汉体育学院项汉平教授研习传统养生理论与功法；在 2020 年武汉市科学健身大讲堂

进乡村暨农村体育骨干培训班中担任项汉平教授《健康与传统养生术》的功法技术教练；担任2020年武汉市二级社会体育指导员全民健身志愿者培训班八段锦功法技术教练，并担任项汉平教授助教。去年疫情期间，王喻积极开办“八段锦云课堂”，免费培训学员3600余人次。

王喻告诉记者，推广八段锦不是心血来潮，“八段锦作为全民健身推广项目非常合适，它有一个很大的特点，就是动作简单。动作基本就是前后左右上下的抻拉，舒展人的筋骨，简单好学；第二个特点就是动作平缓，没有那种剧烈、突发、快速的动作，平和、缓慢又柔中带刚，还强健身体，所以八段锦具有安全性、稳定性和实用性。”

王喻特别提到八段锦的实用性，具体表现在针对人体内的各种慢性疾病。通过八段锦的引导，一些疼痛、骨关节的慢病都可以改善，从而提高人的生活质量。青少年可以通过抻筋拔骨，增强肌肉力量，改善肌肉张力，从而矫正人体的形态。对女性来说，通过八段锦，舒展全身的筋骨，不仅可以起到塑身的作用，还可以疏解压力。尤其是产后女性，八段锦可以使她们的骨骼重新回缩到生育前的形态和紧致的状态，通过练习改善骨盆的形态结构，会减少很多产后的女性疾病。

推广八段锦早已成为王喻生活中的重点，之前由于并不熟悉线上的推广方式，她都是在线下进行授课，推广的速度慢、效率低。如今，王喻正努力学习线上短视频或者直播教学，努力将八段锦传播好、推广好，让更多人受益。

（资料来源：《中国体育报》，2021年7月26日，有改动）

考核测评

简述八段锦的健身功效

<table>
<tr><td>姓名：</td><td>院（系）：</td><td>学号：</td><td>日期：</td></tr>
<tr><td colspan="4"></td></tr>
<tr><td colspan="4">得分：</td></tr>
<tr><td colspan="3">体育教师签字：</td><td>日期：</td></tr>
</table>

附录　大学生体质健康测试评分标准

一、大学生身体形态评分标准

大学生体重指数（BMI）评分表见表 1。

表 1　大学生体重指数（BMI）评分表

等级	单项得分	男生体重指数 /（千克・米 $^{-2}$）	女生体重指数 /（千克・米 $^{-2}$）
正常	100	17.9~23.9	17.2~23.9
低体重	80	≤ 17.8	≤ 17.1
超重		24.0~27.9	24.0~27.9
肥胖	60	≥ 28.0	≥ 28.0

二、大学生身体机能和身体素质评分标准

大学男生身体机能和身体素质评分表见表 2，大学女生身体机能和身体素质评分表见表 3。

表 2　大学男生身体机能和身体素质评分表

项目		肺活量 / 毫升		50 米跑 / 秒		坐位体前屈 / 厘米		立定跳远 / 厘米		引体向上 / 次		1000 米跑 /（分・秒）	
等级	单项得分	大一大二	大三大四	大一大二	大三大四	大一大二	大三大四	大一大二	大三大四	大一大二	大三大四	大一大二	大三大四
优秀	100	5040	5140	6.7	6.6	24.9	25.1	273	275	19	20	3'17"	3'15"
	95	4920	5020	6.8	6.7	23.1	23.3	268	270	18	19	3'22"	3'20"
	90	4800	4900	6.9	6.8	21.3	21.5	263	265	17	18	3'27"	3'25"

续表

项目		肺活量 / 毫升		50 米跑 / 秒		坐位体前屈 / 厘米		立定跳远 / 厘米		引体向上 / 次		1000 米跑 / （分·秒）	
等级	单项得分	大一大二	大三大四	大一大二	大三大四	大一大二	大三大四	大一大二	大三大四	大一大二	大三大四	大一大二	大三大四
良好	85	4550	4650	7.0	6.9	19.5	19.9	256	258	16	17	3'34"	3'32"
	80	4300	4400	7.1	7.0	17.7	18.2	248	250	15	16	3'42"	3'40"
及格	78	4180	4280	7.3	7.2	16.3	16.8	244	246	—	—	3'47"	3'45"
	76	4060	4160	7.5	7.4	14.9	15.4	240	242	14	15	3'52"	3'50"
	74	3940	4040	7.7	7.6	13.5	14.0	236	238	—	—	3'57"	3'55"
	72	3820	3920	7.9	7.8	12.1	12.6	232	234	13	14	4'02"	4'00"
	70	3700	3800	8.1	8.0	10.7	11.2	228	230	—	—	4'07"	4'05"
	68	3580	3680	8.3	8.2	9.3	9.8	224	226	12	13	4'12"	4'10"
	66	3460	3560	8.5	8.4	7.9	8.4	220	222	—	—	4'17"	4'15"
	64	3340	3440	8.7	8.6	6.5	7.0	216	218	11	12	4'22"	4'20"
	62	3220	3320	8.9	8.8	5.1	5.6	212	214	—	—	4'27"	4'25"
	60	3100	3200	9.1	9.0	3.7	4.2	208	210	10	11	4'32"	4'30"
不及格	50	2940	3030	9.3	9.2	2.7	3.2	203	205	9	10	4'52"	4'50"
	40	2780	2860	9.5	9.4	1.7	2.2	198	200	8	9	5'12"	5'10"
	30	2620	2690	9.7	9.6	0.7	1.2	193	195	7	8	5'32"	5'30"
	20	2460	2520	9.9	9.8	–0.3	0.2	188	190	6	7	5'52"	5'50"
	10	2300	2350	10.1	10.0	–1.3	–0.8	183	185	5	6	6'12"	6'10"

表 3　大学女生身体机能和身体素质评分表

项目		肺活量 / 毫升		50 米跑 / 秒		坐位体前屈 / 厘米		立定跳远 / 厘米		1 分钟仰卧起坐 / 次		800 米跑 / （分·秒）	
等级	单项得分	大一大二	大三大四	大一大二	大三大四	大一大二	大三大四	大一大二	大三大四	大一大二	大三大四	大一大二	大三大四
优秀	100	3400	3450	7.5	7.4	25.8	26.3	207	208	56	57	3'18"	3'16"
	95	3350	3400	7.6	7.5	24.0	24.4	201	202	54	55	3'24"	3'22"
	90	3300	3350	7.7	7.6	22.2	22.4	195	196	52	53	3'30"	3'28"
良好	85	3150	3200	8.0	7.9	20.6	21.0	188	189	49	50	3'37"	3'35"
	80	3000	3050	8.3	8.2	19.0	19.5	181	182	46	47	3'44"	3'42"

续表

项目		肺活量/毫升		50米跑/秒		坐位体前屈/厘米		立定跳远/厘米		1分钟仰卧起坐/次		800米跑/（分·秒）	
等级	单项得分	大一大二	大三大四	大一大二	大三大四	大一大二	大三大四	大一大二	大三大四	大一大二	大三大四	大一大二	大三大四
及格	78	2900	2950	8.5	8.4	17.7	18.2	178	179	44	45	3'49"	3'47"
	76	2800	2850	8.7	8.6	16.4	16.9	175	176	42	43	3'54"	3'52"
	74	2700	2750	8.9	8.8	15.1	15.6	172	173	40	41	3'59"	3'57"
	72	2600	2650	9.1	9.0	13.8	14.3	169	170	38	39	4'04"	4'02"
	70	2500	2550	9.3	9.2	12.5	13.0	166	167	36	37	4'09"	4'07"
	68	2400	2450	9.5	9.4	11.2	11.7	163	164	34	35	4'14"	4'12"
	66	2300	2350	9.7	9.6	9.9	10.4	160	161	32	33	4'19"	4'17"
	64	2200	2250	9.9	9.8	8.6	9.1	157	158	30	31	4'24"	4'22"
	62	2100	2150	10.1	10.0	7.3	7.8	154	155	28	29	4'29"	4'27"
	60	2000	2050	10.3	10.2	6.0	6.5	151	152	26	27	4'34"	4'32"
不及格	50	1960	2010	10.5	10.4	5.2	5.7	146	147	24	25	4'44"	4'42"
	40	1920	1970	10.7	10.6	4.4	4.9	141	142	22	23	4'54"	4'52"
	30	1880	1930	10.9	10.8	3.6	4.1	136	137	20	21	5'04"	5'02"
	20	1840	1890	11.1	11.0	2.8	3.3	131	132	18	19	5'14"	5'12"
	10	1800	1850	11.3	11.2	2.0	2.5	126	127	16	17	5'24"	5'22"

三、加分指标评分标准

引体向上、1分钟仰卧起坐均为高优项目，学生成绩超过单项评分100分对应的成绩后，应以超过的次数所对应的分数进行加分，加分表见表4。1000米跑、800米跑均为低优指标，学生成绩低于单项100分对应的成绩后，应以减少的秒数所对应的分数进行加分，加分表见表5。

表4　男生引体向上、女生一分钟仰卧起坐加分表

加分	男生引体向上/次		女生1分钟仰卧起坐/次	
	大一大二	大三大四	大一大二	大三大四
10	10	10	13	13
9	9	9	12	12
8	8	8	11	11
7	7	7	10	10
6	6	6	9	9

续表

加分	男生引体向上 / 次		女生 1 分钟仰卧起坐 / 次	
	大一大二	大三大四	大一大二	大三大四
5	5	5	8	8
4	4	4	7	7
3	3	3	6	6
2	2	2	4	4
1	1	1	2	2

表 5　男生 1000 米跑、女生 800 米跑加分表

加分	男生 1000 米跑 / 秒		女生 800 米跑 / 秒	
	大一大二	大三大四	大一大二	大三大四
10	-35	-35	-50	-50
9	-32	-32	-45	-45
8	-29	-29	-40	-40
7	-26	-26	-35	-35
6	-23	-23	-30	-30
5	-20	-20	-25	-25
4	-16	-16	-20	-20
3	-12	-12	-15	-15
2	-8	-8	-10	-10
1	-4	-4	-5	-5

参考文献

[1] 季浏. 体育锻炼与心理健康 [M]. 上海：华东师范大学出版社，2005.
[2] 邓树勋，陈小蓉. 现代大学体育理论教程 [M]. 广州：广东高等教育出版社，2006.
[3] 杨文轩. 当代大学体育 [M]. 北京：人民体育出版社，2005.
[4] 陈瑜，徐广华. 体育与健康教程：南方版 [M]. 长春：吉林大学出版社，2010.
[5] 邹继豪，孙麒麟. 体育与健康教程：修订版 [M]. 沈阳：辽宁大学出版社，2007.
[6] 凌昆，鄢行辉，骆红斌. 中医药院校体育与健康教程 [M]. 北京：北京体育大学出版社，2015.
[7] 徐斌，陈学东，赵刚. 民航飞行体育教程 [M]. 北京：中国民航出版社，2018.
[8] 朱征宇，陈卓源. 排球 [M]. 广州：中山大学出版社，2003.
[9] 袁桂才，吴畏. 大学体育健康教程 [M]. 上海：上海交通大学出版社，2022.
[10] 孙卫星. 现代网球技术教学法 [M]. 北京：北京体育大学出版社，2007.
[11] 杨忠令. 现代网球教程 [M]. 杭州：浙江大学出版社，2011.
[12] 杨宁. 网球底线技术图解 [M]. 北京：北京体育大学出版社，2003.
[13] 刘海元，李健康，王兴一，等. 学校体育教程 [M]. 北京：北京体育大学出版社，2021.
[14] 周文胜，闫美怡. 网球：基础与实战技巧 [M]. 成都：成都时代出版社，2007.
[15] 易勤，赵俊浩，王忠，等. 大学体育教程新编 [M]. 武汉：武汉大学出版社，2008.
[16] 林志超. 大学体育标准教程 [M]. 北京：北京体育大学出版社，2007.
[17] 艾扬格. 艾扬格瑜伽 [M]. 莫慧春，译 . 天津：天津社会科学院出版社，2011.
[18] 赵彦. 祖本瑜伽大全 [M]. 北京：华文出版社，2010.
[19] 王碧怡. 大学体育与健康教程 [M]. 北京：北京体育大学出版社，2018.
[20] 毛振明，王长权. 学校心理拓展训练 [M]. 北京：北京体育大学出版社，2004.
[21] 刘梅，杜勇，邓财林. 体教融合下大学生体育与健康教育指导 [M]. 北京：北京体育大学出版社，2021.
[22] 黄伟，张茂松，朱玲，等. 新时代大学生体育与健康教育指南 [M]. 北京：北京体育大学出版社，2021.
[23] 黄涛 . 运动损伤的治疗与康复 [M]. 2 版 . 北京：北京体育大学出版社，2016.